Fisch für Fans

Es muß doch gute Gründe dafür geben, daß auf den
Speisekarten der besten und berühmtesten Restaurants
Fisch die Hauptrolle spielt – weit vor Fleisch, Geflügel
und edlem Wild. Und es gibt sie auch! Denn Fisch
bietet viele Vorteile. Er ist nährstoffreich und gut
bekömmlich. Nichts gelingt so rasch und schmeckt so
gut wie Fisch, wenn Sie nur einige wichtige Grund-
regeln beachten. Fisch regt die Phantasie zum köstli-
chen Spiel mit Gewürzen, Zutaten und verschiedensten
Beilagen an. Lassen Sie sich von meinen Rezept-Ideen
verführen – zu eigenen Kompositionen! Gutes Gelin-
gen und guten Appetit!

Die Farbfotos gestalteten Odette Teubner und
Dorothee Gödert.

Einkaufen – möglichst frisch

Kaufen Sie Fisch möglichst am Tag der Zubereitung, denn er verliert schnell sein feines Aroma – das gilt ganz besonders für die edleren Sorten wie Seezunge, Scholle und Lachs. Wenn Sie ihn länger aufbewahren, tritt mehr der ausgeprägte Fischgeschmack in den Vordergrund, und der ist nicht jedermanns Sache. Frischen Fisch sollten Sie deshalb nur ausnahmsweise bis zum nächsten Tag aufheben, natürlich im Kühlschrank. Am besten legen Sie ihn auf einen Porzellanteller und decken ihn locker mit Folie ab. Das verhindert eine Geruchsübertragung. Und der Fisch wird nicht schmierig, was

leicht geschieht, wenn Fisch vollständig und luftdicht in Folie verpackt wird.

Wie erkennen Sie frischen Fisch?

Der Fischhändler, bei dem Sie regelmäßig kaufen, wird Ihnen schon aus eigenem Interesse nur topfrische Ware verkaufen. Im allgemeinen können Sie sich aber immer auf Ihre Nase verlassen: Frischer Fisch »fischelt« nicht, sondern er riecht angenehm und dezent nach Meer, Algen und Tang. Weitere Merkmale: Bei ganzen Fischen müssen die Augen klar und

rundkugelig sein, keinesfalls milchig und eingefallen. Die Kiemen sollten rosig durchblutet wirken und eng am Körper anliegen, die Haut sollte feucht glänzen und unbeschädigt sein.

Alternativen zu frischem Fisch

Wenn Sie Fisch nicht ganz frisch kaufen können, ist Tiefkühlfisch die ideale Alternative. Am besten haben Sie immer einen Vorrat im Haus: Kabeljau (Dorsch), Rotbarsch und Seelachs gibt es in jedem Supermarkt, portionsgerecht zerteilt und sauber filetiert, also gräten-

Am besten kaufen Sie Fisch immer erst an dem Tag, an dem sie ihn zubereiten wollen. Bei längerer Aufbewahrung verliert der Fisch sein Aroma.

frei. Diese Sorten eignen sich für fast jede Zubereitungsart. Für besondere Rezepte können Sie aber auch Lachs, Heilbutt, Scholle, Seezunge und sogar ausgefallene Mittelmeerfische tiefgekühlt kaufen. Wichtig ist nur, daß Sie Tiefkühlfisch so langsam wie möglich auftauen, am besten im Kühlschrank. Dann ist er frischem Fisch so gut wie ebenbürtig. Das Gleiche gilt für Schal- und Krustentiere wie beispielsweise Muscheln, Krabben und Shrimps, die ebenfalls frisch oder tiefgekühlt zu haben sind. Bevorzugen Sie bei tiefgekühlter Ware die roh eingefrorene – die Qualität ist meist besser. Sie haben dann auch mehr Spielraum bei der Zubereitung. Geräucherten Fisch können Sie unbesorgt ein paar Tage im Kühlschrank aufbewahren, doch ganz frisch gekauft schmeckt er ebenfalls am besten. Das Kühlen verhindert zwar, daß er rasch verdirbt, aber das herrlich rauchige Aroma geht nach kurzer Zeit verloren. Der Fisch schmeckt dann vor allem salzig. Bei Fisch aus der Dose gibt es solche Probleme nicht: Er wird meist als Vollkonserve angeboten, hält sich also auch ohne Kühlung jahrelang. Das Verbrauchsdatum ist deutlich auf der Dose vermerkt. Er ist ideal für den »eisernen Vorrat« und für die kalte Fischküche, zum Beispiel für Salate und Snacks. Wer auf Kalorien achtet, sollte Fischkonserven im eigenen Saft wählen statt des in Öl eingelegten. Neben Thunfisch werden inzwischen auch Sardinen,

Lachs und andere Sorten »naturell« angeboten.

Wieviel Fisch pro Person?

Kaufen Sie nicht zu knapp ein: Für eine Portion Fisch als Hauptgericht brauchen Sie 200–250 g reines Fischfilet oder 300 g Fisch mit Haut und Gräten. Fischkoteletts, also Fisch in Scheiben mit dicker Mittelgräte, zum Beispiel von Lachs oder Kabeljau, sollten 250 g wiegen, Portionsfische, wie Forellen und Renken, etwa 300–450 g.
Wenn Reste übrigbleiben – wunderbar! Bei nächster Gelegenheit wird daraus ein feiner Vorspeisensalat: Die sauber entgräteten Fischstücke auf schönen Salatblättern wie Lollo rosso, Eichblatt oder Frisée anrichten, mit wenig Aceto Balsamico (Balsam-Essig), Zitronensaft und Olivenöl beträufeln, gehackte Kräuter darüber streuen und sparsam salzen und pfeffern. Ergänzen können Sie das Stilleben nach Wunsch mit Tomaten, Gurken, blanchierten grünen Bohnen, Artischockenherzen oder Oliven. Das ist auf jeden Fall besser, als wenn Sie die Fischreste unter den Salat mischen, denn dabei werden die Stücke meist zu zerpflückt und unansehnlich.

Fisch vorbereiten – schnell und mühelos

Ausnehmen, schuppen, entgräten und filetieren – all diese

Arbeiten lassen Sie am besten gleich den Fischhändler erledigen: Er hat dafür die nötige Routine und auch das richtige Handwerkszeug wie Fischmesser, Schupper und einen druckstarken Wasserschlauch, mit dem er den Fisch innen und außen makellos sauberspritzen kann. Noch einen Vorteil hat es, wenn Sie Fisch gleich küchenfertig kaufen: Er bleibt so viel länger frisch als mit allen Innereien im Bauch. Zu Hause haben Sie dann nicht mehr viel zu tun: Sie können den Fisch nochmal kurz unter fließendem kalten Wasser abspülen und sollten ihn in jedem Fall mit Küchenpapier sehr gut trockentupfen. Das ist besonders wichtig, wenn Sie Fisch panieren und in der Pfanne braten wollen: Auf nassem Fisch hält die Panade nicht, und beim Braten bekommt er auch keine schöne, goldbraune Kruste.

Die klassische 3-S-Regel

Diese Regel für das Vorbereiten von Fisch – säubern, säuern, salzen – gilt längst nicht mehr so streng wie früher: Säubern erübrigt sich meist. Und das Säuern ist heute bei Feinschmeckern sogar umstritten, zumindest bei den sehr zarten, edlen Fischsorten wie Seezunge, Scholle und Lachs. Gewiß, ein paar Tropfen Zitronensaft schaden auch bei diesen Fischen nicht, doch kann zuviel Säure das feine Aroma übertönen. Probieren Sie darum statt Zitrone oder gar Essig auch

5

mal Orangen- oder Limettensaft aus – sie säuern milder und schaffen einen extra raffinierten Geschmack. Im übrigen enthält der Wein, der als klassische Zutat für viele Fischgerichte benötigt wird, meist schon genügend Säure – »fade« schmeckt in Wein gegarter Fisch deshalb ganz sicher nicht!

Beim Salzen sollten Sie ebenfalls zurückhaltend sein: Eine Prise genügt oft schon. Besonders Seefisch enthält meist von Natur aus genügend Salz. Leisten Sie sich ein gutes Meersalz, es hat mehr Aroma als normales Salz und enthält wichtige Spurenelemente wie Jod. Auch mit anderen, besonders mit starken und scharfen Gewürzen sollten Sie eher vorsichtig und sparsam umgehen, damit der Eigengeschmack des Fischs nicht zu sehr verfälscht wird. Ganz anders verhält es sich dagegen mit Kräutern. Frische Kräuter können Sie ohne große Bedenken verschwenderisch verwenden. Sie passen wunderbar zu jedem Fisch und überdecken nicht so sehr den Fischgeschmack.

Garen – kurz und schonend

Vielleicht sind Sie nicht unbedingt ein Anhänger der Mode, Fisch nur so kurz zu garen, daß er an der Mittelgräte noch roh und glasig bleibt. Trotzdem sollten Sie Fisch nie länger als nötig erhitzen: Er trocknet sonst aus, weil das Fischeiweiß gerinnt und dadurch den Saft nicht mehr bindet. Ein saftiger, zarter Fisch kann auf diese Weise dann leicht zäh und gummiartig geraten – das wäre doch schade drum!

Ich habe in den Rezepten genaue Garzeiten angegeben, nach denen Sie sich auch richten können, wenn Sie eigene Fisch-Kreationen ausprobieren. Im Zweifelsfall sollten Sie den Fisch lieber etwas früher vom Herd oder aus dem Ofen nehmen und zugedeckt noch 5–10 Minuten nachziehen lassen. Das bekommt dem Fisch besser als aggressive, direkte Hitze. In vielen Rezepten ist als Zutat Wein angegeben. Wer auf Alkohol verzichten möchte, kann ihn durch Fischfond oder Gemüsebrühe ersetzen.

Wichtigste Garmethoden

Kochen und Pochieren

Richtiggehend gekocht wird kein Fisch – er würde dabei ganz schnell zerfallen und sein gesamtes Aroma an den Sud abgeben. Lassen Sie den Fisch deshalb – bei schwacher Hitze – nur ganz sanft gar ziehen: Pochieren heißt das in der Küchenfachsprache. Das Wasser beziehungsweise der Sud darf dabei nicht sprudelnd kochen, sondern nur fein unter der Oberfläche perlen – dann ist die Hitze richtig reguliert. Der klassische Kochsud für Fisch ist eine Court-Bouillon. Kochen Sie sie beispielsweise aus 3 l Wasser, reichlich kleingeschnittenem Suppengemüse wie Möhre, Sellerie, Petersilienwurzel, Lauch und Zwiebeln, einigen Kräuterstengeln, beispielsweise Petersilie, Thymian oder Lorbeer, ganzen Pfefferkörnern und 30–50 g Salz. Alle Zutaten zusammen etwa 30 Minuten kräftig kochen lassen und dann die Hitze reduzieren. Den Fisch hineinlegen und gar ziehen lassen. Bei Fischfilet dauert das etwa 8 Minuten, bei einem großen ganzen Fisch bis zu 1 Stunde.

Blaukochen

Es funktioniert nur bei ganzen Fischen, die eine unverletzte Schleimschicht auf der Haut haben. Klassische Sorten fürs Blaukochen sind Forelle, Karpfen, Schleie und Hecht. Der

Ideal für den »eisernen Vorrat« sind Fischkonserven.

Kochsud, wie zum Beispiel eine Court-Bouillon (siehe Seite 6), wird dafür mit einem guten Weinessig kräftig gesäuert, auf 1 l Wasser gibt man 5 Eßlöffel Essig. Dann kann der Fisch wie gewohnt darin gar ziehen. Er färbt sich dabei rundum metallisch glänzend blau. Für den Geschmack hat das Blaukochen keine große Bedeutung, doch beim Servieren ist es natürlich eine Schau! Damit das Blaukochen gelingt, sollten Sie den Fisch beim Auswickeln aus dem Einkaufspapier und beim Vorbereiten so wenig wie möglich und nur ganz vorsichtig anfassen. Dadurch wird die Schleimschicht nicht verletzt. Die Blaufärbung wird dann lückenlos, und der Fisch wirkt nicht fleckig.

Tip: Wer eine besonders intensive Blaufärbung erreichen will, kocht zunächst 400 ml Weinessig mit 100 ml Wasser auf. Mit dieser konzentrierten Essiglösung wird der rohe Fisch übergossen. Lassen Sie den Fisch etwa 1 Minute im Essig ziehen und garen ihn anschließend im normalen Kochsud.

Klassische Zutaten zu Fischgerichten sind Zitronensaft, Wein und frische Kräuter. Wer Fisch schmort, wird auf Zwiebeln kaum verzichten.

Dämpfen

Mit dieser wunderbaren Methode garen Sie zarte Fischfilets schonend und geben ihnen gleichzeitig eine besondere Geschmacksnote. Füllen Sie dazu eine aromatische Flüssigkeit wie Weißwein, verdünnten Sherry oder Wermut, einen zuvor gekochten Kräuter- oder Gemüsesud in den Topf. Setzen Sie den Fisch in einem Dämpfeinsatz oder Dämpfkörb-

chen darüber. Es funktioniert auch, wenn Sie den Fisch einfach auf einen Teller legen, den Sie auf eine umgestülpte Tasse stellen. Garen Sie den Fisch im Dampf, der beim Erhitzen der Flüssigkeit entsteht.

Dünsten und Schmoren

Diese Zubereitungsart ist für alle Fische geeignet, ob ganz oder als Filet. Sie ist praktisch dazu, weil ganz von selbst eine köstliche Sauce gewonnen wird. Das Prinzip ist immer das gleiche: Zwiebeln oder Schalotten, eventuell auch Knoblauch, werden in heißem Fett angebraten. Dann wird weiteres Gemüse hinzugefügt

wie zum Beispiel Pilze, Tomaten oder Spinat. Es paßt eigentlich alles, was nicht zu lange Garzeiten hat und genügend Saft zieht. Der Fisch wird auf das Gemüse gebettet, gewürzt und entweder im Ofen oder auf dem Herd gegart: Diese Methode ist ein Thema mit unendlich vielen Variationen und toll geeignet für Anfänger, weil dabei so gut wie nichts schiefgehen kann.

Braten und Ausbacken

Fisch aus der Pfanne ist etwas Köstliches, wenn er wirklich rundum knusprig ist. Sie sollten ihn so gekonnt braten, daß er weder verbrennt und austrocknet – das geschieht bei zu großer Hitze –, noch zuviel Fett aufnimmt – das passiert, wenn die Hitze zu gering ist. Sie brauchen dafür also schon etwas Erfahrung und Fingerspitzengefühl! Wer noch unsicher ist, kann einen Trick anwenden: Braten Sie den Fisch rundherum in der Pfanne nur so lange, bis er schön gebräunt ist. Dann lassen Sie ihn im Ofen bei mittlerer Hitze fertig garen.

Besonders knusprig wird der Fisch, wenn Sie ihn gut abtrocknen und vor dem Braten durch Mehl ziehen – das ist die klassische »Müllerin Art«.

Sie können den Fisch natürlich auch mit Ei und Paniermehl panieren. Raffinierter schmeckt es, wenn Sie für die Panade geriebene Nüsse, Sesam, gehackte Kräuter oder Käse verwenden.

Fürs Ausbacken – in reichlich Fett in der Pfanne oder in einer Friteuse – bekommt der Fisch eine schützende Hülle aus Teig. Diese Methode eignet sich für sehr kleine Fische wie Sardinen und Weißfische oder dickere Stücke von festem Fischfilet, beispielsweise Karpfen, Heilbutt, Rotbarsch oder Seeteufel. Für den Teig vermischen Sie 250 g Mehl mit 2

Eiern, Salz und so viel Bier oder Wein, daß die Masse ziemlich weich, fast flüssig ist. Dann lassen Sie alles etwa 20 Minuten quellen. Den sorgfältig abgetrockneten Fisch Stück für Stück durch den Teig ziehen, bis er rundum eingehüllt ist. Sofort in heißem Öl oder Butterschmalz goldgelb ausbacken. Mit Zitronenschnitzen servieren. Tip: Diese Methode eignet sich auch gut für Tintenfisch in Ringen und für Shrimps.

Grillen

Das ist die rustikalste Art, Fisch zuzubereiten und für viele das höchste Fischvergnügen. Einen original Steckerlfisch wie auf dem Volksfest oder im Biergarten werden Sie zwar zu Hause kaum hinbekommen, doch auch normal gegrillter Fisch ist ein Leckerbissen.

Es gibt zwei Möglichkeiten: Sie können den Fisch offen grillen – dafür eignen sich vor allem die fettreichen Sorten wie Makrelen, Sardinen, Heringe und Lachs, als Koteletts oder Steaks. Die Fische gut einölen, damit sie nicht am Rost festkleben, und erst nach dem Grillen mit Salz und Pfeffer würzen. So bleiben sie saftiger.

Die etwas raffiniertere Methode ist für zartere Fische wie Forellen und Lachsforellen, Brassen und Barben ideal: Lassen Sie den Fisch oder die Fischfilets einen Tag lang in einer würzigen Marinade aus Olivenöl, Weinessig, gehackter Zwiebel und Kräutern, etwas Zucker und nicht zu wenig Salz ziehen. Dann mit der Marinade portionsweise dicht in Alufolie

In den passenden Töpfen und Pfannen gelingt alles viel leichter. Im Fachhandel finden Sie ein reiches Angebot an richtigem »Handwerkszeug«.

packen und von beiden Seiten grillen. Sie können den Fisch auch in Weinblätter oder blanchierte Wirsingblätter hüllen – das schmeckt toll und wirkt sehr dekorativ!

<u>Garen in Salz</u>
Dies ist eine simple, doch äußerst raffinierte Zubereitungsart – sie geht auf die uralte Tradition der Meeresfischer zurück. Ihre Gäste werden hingerissen sein, wenn Sie Fisch in einer glitzernden Salzkruste servieren! Doch nicht nur optisch ist das ein Glanzstück: Der Fisch, ringsum in Salz eingebettet, bleibt auch besonders saftig und aromatisch. Für diese Methode werden nur ganze Fische verwendet. Deshalb schmeckt der Fisch kein bißchen »salzig«, da die Haut vor dem Eindringen des Salzes schützt. Kaufen Sie für die Salzkruste grobes, ungereinigtes Meersalz, zum Beispiel im Reformhaus oder Fischgeschäft. Pro Kilo Fisch benötigen Sie 1 1/2–2 kg Salz. Ein genaues Rezept finden Sie auf Seite 54.

Der Fisch-Fond

Wann immer Sie frischen Fisch kaufen und vom Fischhändler herrichten lassen: Nehmen Sie die Fischabfälle, Haut und Gräten mit und kochen Sie daraus einen würzigen Fond. Das kostet Sie fast nichts, dafür haben Sie dann bei Bedarf die beste Basis für einen schmackhaften Fischsud, für eine aromatische Fischsuppe oder eine raffinierte Sauce zu Fisch.

<u>Das Grundrezept für den Fond:</u>
Etwa 1 kg Fischabfälle gut abspülen, mit reichlich grob zerkleinertem Suppengemüse, 1 Bund Petersilie, einigen Thymianzweigen und Lorbeerblättern, 1 Eßlöffel weißen Pfefferkörnern und 1/2 Teelöffel Salz in einen großen Topf füllen, mit 2 l Wasser (oder halb Wasser, halb Weißwein) aufgießen. Alles aufkochen lassen und den Schaum abschöpfen. Dann ohne Deckel etwa 45 Minuten bei schwacher Hitze kochen lassen und durch ein Sieb abgießen. Den Fisch-Fond abkühlen lassen und portionsweise einfrieren, zum Beispiel in Joghurtbechern. So können Sie aus Ihrem Vorrat immer die benötigte Menge auftauen und verwenden.

So gesund ist Fisch!

Ernährungsexperten empfehlen es längst: Nicht nur freitags und an besonderen Festtagen, sondern mindestens zweimal pro Woche sollten Sie Fisch essen. Etwas Besseres können Sie für Ihre Gesundheit gar nicht tun. Fisch ist kalorienarm und leicht verdaulich, reich an hochwertigem Eiweiß und unentbehrlichen Vitaminen und Mineralstoffen. Noch wichtiger ist aber: Durch seinen hohen Gehalt an mehrfach ungesättigten Fettsäuren kann Fisch mithelfen, den Cholesterinspiegel zu senken. Den Eskimos beispielsweise, die sich fast ausschließlich von Fisch (auch sehr fettem!) ernähren, sind unsere Zivilisationskrankheiten wie Arteriosklerose und Herzinfarkt so gut wie unbekannt. Besonders auch Seefisch mit seinem hohen Jodgehalt sollte in einem Jodmangelgebiet wie Deutschland und Mitteleuropa mindestens wöchentlich auf dem Speiseplan stehen.
Sie sehen, es gibt viele Gründe, Fisch und Meeresfrüchte zu essen – nicht nur, weil sie so gut schmecken.
Als Getränk zu einem Fischgericht oder zu Meeresfrüchten paßt übrigens immer ein trockener und spritziger Weißwein.
Also dann: Guten Appetit!

Eine besonders raffinierte Art der Zubereitung – und nicht nur optisch ein Glanzstück – ist das Garen im Salzmantel.

Scampi mit Avocados

Zutaten für 4 Personen:

8 frische Scampi

2 reife Avocados (je etwa 200 g)

Saft von 1 Zitrone

2 Fleischtomaten

2 Schalotten

3 Eßl. Weißweinessig

Salz

1 Teel. scharfer Senf

weißer Pfeffer, frisch gemahlen

5 Eßl. Sojaöl

Für Gäste

Pro Portion etwa:
1600 kJ/380 kcal
18 g Eiweiß · 32 g Fett
5 g Kohlenhydrate

● Zubereitungszeit: etwa
40 Minuten

1. Die Scampi abspülen und
2–3 Minuten in kochendem
Wasser garen. Dann herausnehmen und abkühlen lassen.

2. Die Avocados schälen, halbieren, vom Kern befreien und
das Fruchtfleisch klein würfeln.
Mit dem Zitronensaft beträufeln, damit es nicht braun wird.

3. Die Tomaten mit kochendem Wasser überbrühen, häuten, quer halbieren und entkernen. Das Fruchtfleisch so groß
wie die Avocados würfeln.

4. Die Schalotten schälen und
fein hacken.

5. Aus dem Weißweinessig,
Salz, dem Senf, Pfeffer und
dem Sojaöl eine cremige

Marinade rühren. Die Avoca-
do- und Tomatenwürfel mit den
Schalotten bis zum Servieren
darin marinieren.

6. Von den Scampi die Schale
entfernen, das Fleisch längs
halbieren und den Darm herausnehmen. Die Scampi mit
der Salatmischung überziehen.

Tip!

So entfernen Sie den Darm
der Scampi: Lockern Sie
vorsichtig die Schale rund
um das Fleisch und lösen
Sie sie ab. Schlitzen Sie
dann mit einem spitzen
Messer die Scampi am
Rücken entlang auf. Den
Darm (er sieht aus wie ein
schwarzer Faden) mit der
Messerspitze herausziehen.

Schillerlocken-salat

Zutaten für 4 Personen:

250 g Champignons

Saft von 1 Zitrone

2 Schalotten

350 g Schillerlocken

4 Eßl. Weißweinessig

Salz

weißer Pfeffer, frisch gemahlen

Muskatnuß, frisch gerieben

4 Eßl. Distelöl

2 Frühlingszwiebeln

einige Salatblätter

Raffiniert

Pro Portion etwa:
1500 kJ/360 kcal
21 g Eiweiß · 29 g Fett
3 g Kohlenhydrate

● Zubereitungszeit: etwa
40 Minuten

1. Die Champignons mit
Küchenpapier abreiben oder
kurz abbrausen. Die Champignons blättrig schneiden und
sofort mit dem Zitronensaft
beträufeln.

2. Die Schalotten schälen und
sehr fein hacken. Die Schillerlocken in etwa 1/2 cm dicke
Scheiben schneiden. Die Schalotten, die Schillerlocken und
die Champignons in eine
Schüssel füllen.

3. Den Weißweinessig mit
Salz verrühren, dann Pfeffer
und Muskatnuß hinzufügen.
Das Öl kräftig mit dem Schneebesen unterschlagen, bis eine
cremige Sauce entsteht. Die
Sauce über die Schillerlocken-
Champignon-Mischung gie-
ßen, alles gut durchmischen
und etwa 10 Minuten ziehen
lassen.

4. Inzwischen die Frühlingszwiebeln putzen, waschen und
in sehr schmale Ringe schneiden. Unter die Mischung
heben und abschmecken.

5. Die Salatblätter waschen,
abtropfen lassen und auf vier
Teller verteilen. Den Salat darauf anrichten.

Im Bild vorne: Schillerlockensalat
Im Bild hinten: Scampi mit Avocados

Carpaccio vom Seewolf

Zutaten für 4 Personen:
600 g Seewolf-Filet
1 Knoblauchzehe
2 Bund glatte Petersilie
1/2 Bund Thymian
1/2 Bund Oregano
100 g Anchovisfilets
1/4 l Olivenöl
Salz
schwarzer Pfeffer, frisch gemahlen
1 Eßl. Cognac nach Belieben

Exklusiv

Pro Portion etwa:
3300 kJ/790 kcal
33 g Eiweiß · 71 g Fett
1 g Kohlenhydrate

- Zubereitungszeit: etwa 2 1/2
  Stunden
  (davon 2 Stunden Kühlzeit)

1. Das Seewolf-Filet mit einer
Pinzette entgräten und für etwa
2 Stunden in den Gefrier-
schrank legen.

2. Den Knoblauch schälen. Die
Petersilie, den Thymian und
das Oregano abbrausen,
trockenschütteln und die Blättchen abzupfen.

3. Die Anchovisfilets kalt
abspülen und mit den Kräutern
und 200 ml Olivenöl im Mixer
pürieren. Die Sauce mit Salz,
Pfeffer und dem Cognac
abschmecken.

4. Das Seewolf-Filet aus dem
Gefrierschrank nehmen und mit
einer Brotschneidemaschine
hauchdünn aufschneiden.

5. Vier Teller mit dem restlichen Olivenöl einpinseln. Die
Seewolfscheiben rosettenartig
darauf legen und die Sauce
dazu reichen. Mit Toast und
Champagner servieren.

Tip!

Untersuchen Sie das Filet vor
der Zubereitung nach Grä-
tenresten. Ziehen Sie diese
vorsichtig mit einer Pinzette
heraus, ohne das Fisch-
fleisch dabei zu verletzen.

Krabbensalat

Zutaten für 4 Personen:
100 g Glasnudeln
1 große Lauchstange
2 Möhren
Salz
schwarzer Pfeffer, frisch gemahlen
3 Eßl. Essig
3 Eßl. geröstetes Sesamöl
1 Eßl. Zitronensaft
1 Stück Ingwerwurzel (etwa 1 cm)
350 g Krabben (aus der Dose oder
frische gegarte)

Für Gäste

Pro Portion etwa:
1000 kJ/240 kcal
20 g Eiweiß · 9 g Fett
22 g Kohlenhydrate

- Zubereitungszeit: etwa
  30 Minuten

1. Die Glasnudeln in kochendem Wasser etwa 5 Minuten
ziehen lassen. Dann in ein
Sieb gießen, kalt abschrecken

und sehr gut abtropfen lassen.
Die Glasnudeln mit einer Sche-
re kleinschneiden.

2. Inzwischen den Lauch putzen, längs halbieren, gründlich
waschen und quer in feine
Streifen schneiden.

3. Die Möhren schälen,
waschen und klein würfeln. Mit
dem Lauch in kochendem Salzwasser etwa 1 Minute blan-
chieren, eiskalt abschrecken
und gut abtropfen lassen.

4. Für die Marinade Salz und
Pfeffer mit dem Essig verrühren.
Das Öl und den Zitronensaft
daruntermischen. Den Ingwer
schälen, fein reiben und dazugeben.

5. Die Krabben aus der Dose
abtropfen lassen. Die Glasnudeln mit dem Gemüse und den
Krabben in eine Schüssel
geben, die Marinade darüber
gießen, alles gut durchmischen
und etwa 15 Minuten im Kühlschrank durchziehen lassen.

Tip!

Geröstetes Sesamöl gibt
dem Salat ein wunderbares
Aroma. Sie bekommen es in
gut sortierten Lebensmittellä-
den oder im Asiengeschäft.

Im Bild vorne: Krabbensalat
Im Bild hinten:
Carpaccio vom Seewolf

Jakobsmuscheln in Cidresahne

Zutaten für 4 Personen:

3 Schalotten

2 Eßl. Butter

1 Knoblauchzehe

1/4 l Cidre (ersatzweise Apfelwein)

200 g Sahne

Salz

weißer Pfeffer, frisch gemahlen

1 Prise Cayennepfeffer

1 Teel. Zitronensaft

500 g ausgelöste Jakobsmuscheln

1 Handvoll Sauerampfer

(ersatzweise Kerbel)

Exklusiv

Pro Portion etwa:
1400 kJ/330 kcal
14 g Eiweiß · 23 g Fett
8 g Kohlenhydrate

- Zubereitungszeit: etwa
  30 Minuten

Tip!

Als Hauptgericht benötigen Sie etwa 800 g Jakobsmuscheln. Dazu paßt dann Safranreis.

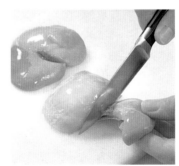

1. Die Schalotten schälen und fein hacken. In einer breiten Pfanne mit hohem Rand die Butter erhitzen und die Schalotten bei schwacher Hitze darin weich braten. Den Knoblauch schälen und durch die Presse drücken. Zu den Schalotten geben und mitdünsten.

2. Mit dem Cidre ablöschen und um die Hälfte einkochen lassen. Die Sahne dazugießen und bei schwacher Hitze köcheln, bis die Sauce cremig wird. Alles in eine hohe Schüssel geben und mit dem Pürierstab durchmixen. Mit Salz, Pfeffer, dem Cayennepfeffer und mit einigen Spritzern Zitronensaft abschmecken.

3. Die Jakobsmuscheln unter fließendem kalten Wasser abspülen. Den roten Rogensack (Corail) abtrennen und beiseite stellen. Die Sauce wieder in die Pfanne geben. Die Muscheln hineinlegen und bei schwacher Hitze zugedeckt in etwa 3 Minuten gar ziehen lassen.

4. Den Sauerampfer oder Kerbel waschen, trockenschütteln und in feine Streifen schneiden. Den Sauerampfer und die Corails in die Sauce geben und darin kurz erwärmen. Dazu paßt Reis.

Eingelegte Rotwein-heringe

Zutaten für 4 Personen:

8 küchenfertige Matjesfilets

8 Cornichons

2 kleine rote Zwiebeln

1 Teel. Senfkörner

1 Teel. rosa Pfefferkörner

Salz

4 Pimentkörner

1 Lorbeerblatt

1 Eßl. Honig

150 ml trockener Rotwein

100 ml Rotweinessig

16 Zahnstocher

Braucht etwas Zeit

Pro Portion etwa:
1800 kJ/430 kcal
21 g Eiweiß · 29 g Fett
6 g Kohlenhydrate

- Zubereitungszeit: etwa 45 Minuten
- Kühlzeit: 12 Stunden

1. Die Matjesfilets und die Cornichons einmal längs halbieren. Jeweils 1 Cornichon in 1 Matjesfilet einrollen und die Matjesröllchen mit einem Zahnstocher feststecken. Die Röllchen nebeneinander in ein breites Gefäß legen.

2. Die Zwiebeln schälen, in feine Ringe schneiden und gleichmäßig auf den Fischröllchen verteilen.

3. Die Senfkörner mit den Pfefferkörnern und etwas Salz in einen Topf geben. Die Pimentkörner, das Lorbeerblatt, den Honig, den Rotwein und den Rotweinessig hinzufügen. Alles aufkochen und bei schwacher Hitze etwa 20 Minuten köcheln lassen.

4. Den Sud etwa 10 Minuten abkühlen lassen, dann über die Matjesröllchen gießen und das Gefäß mit einem Deckel oder mit Alufolie verschließen. Etwa 12 Stunden im Kühlschrank durchziehen lassen. Dazu passen Bauernbrot oder Pellkartoffeln und ein kühles Bier.

Makrelen-mousse

Zutaten für 4 Personen:

250 g ausgelöstes, geräuchertes Makrelenfilet

1 EßI. Crème fraîche

2 Eigelb

Salz

weißer Pfeffer, frisch gemahlen

1 Prise Cayennepfeffer

1 Teel. Zitronensaft

1 kleiner Friséesalat

4 kleine Tomaten

2 EßI. Weißweinessig

2 EßI. Sonnenblumenöl

Gelingt leicht

Pro Portion etwa:
790 kJ/190 kcal
13 g Eiweiß · 14 g Fett
3 g Kohlenhydrate

- Zubereitungszeit: etwa
  11/2 Stunden (davon
  1 Stunde Kühlzeit)

1. Die Makrelenfilets im Blitz-hacker oder im Mixer fein pürieren. Mit der Crème fraîche und den Eigelben gut verrühren. Die Masse mit Salz, Pfeffer, dem Cayennepfeffer und dem Zitronensaft kräftig abschmecken. Etwa 1 Stunde zugedeckt kühl stellen.

2. Inzwischen den Salat put-zen, waschen und gut abtrop-fen lassen. Die Tomaten eben-falls waschen, längs halbieren und dabei den Stielansatz ent-fernen.

3. Aus dem Essig, Salz, Pfeffer und dem Öl eine cremige

Marinade rühren. Den Salat darin wenden. Dann mit den Tomaten anrichten.

4. Mit einem Teelöffel von der Makrelenmousse Nocken abstechen. Die Nocken deko-rativ auf die Teller setzen. Mit getoastetem Graubrot und But-ter servieren.

Blätterteig-rollen

Zutaten für 12 Stück:

1 Paket tiefgefrorener Blätterteig (450 g)

1 kleine Zwiebel

3 EßI. Erdnußöl

250 g Sojasprossen

1 Stück Ingwerwurzel (etwa 1,5 cm)

2–3 EßI. Sojasauce

2 cl trockener Sherry (Fino) nach Belieben

Salz

schwarzer Pfeffer, frisch gemahlen

1 Prise Chilipulver

1 Bund glatte Petersilie

250 g gegarte Krabben (frisch oder aus der Dose)

2 Eigelb

Exklusiv

Pro Stück etwa:
800 kJ/190 kcal
7 g Eiweiß · 12 g Fett
14 g Kohlenhydrate

- Zubereitungszeit: etwa
  1 Stunde

1. Den Blätterteig nach Anwei-sung auf der Packung auftauen lassen.

2. Die Zwiebel schälen und fein hacken. In einer Pfanne im heißen Öl weich braten.

3. Die Sojasprossen unter fließendem kalten Wasser abbrausen und abtropfen las-sen. Die Ingwerwurzel schälen, sehr fein hacken und mit den Sprossen in die Pfanne geben. Die Sojasauce und den Sherry hinzufügen, das Gemüse bei schwacher Hitze etwa 10 Mi-nuten dünsten. Mit Salz, Pfeffer und dem Chilipulver würzen.

4. Den Backofen auf 200° vor-heizen. Die Petersilie waschen, trockenschütteln, die Blättchen abzupfen und grob hacken. Die Krabben aus der Dose abtropfen lassen, ebenfalls grob hacken und mit der Petersilie unter das Gemüse mischen.

5. Die Blätterteigplatten dop-pelt so groß zu Rechtecken aus-rollen und einmal quer halbie-ren. Die Mischung darauf ver-teilen. Die Längsseiten einschla-gen und von den Schmalseiten her aufrollen. Die Nahtstellen zusammendrücken. Das Back-blech mit kaltem Wasser abspülen und die Röllchen dar-auf setzen.

6. Die Eigelbe verquirlen und die Röllchen damit bestreichen. Die Röllchen im Backofen (Mitte) in 15–20 Minuten bak-ken. Warm oder kalt servieren.

Bild oben: Makrelenmousse
Bild unten: Blätterteigrollen

Matjes-Salat

Zutaten für 4 Personen:
8 küchenfertige Matjesfilets
2 Zwiebeln
2 kleine säuerliche Äpfel
250 g saure Sahne
3 Eßl. Zitronensaft · Salz
weißer Pfeffer, frisch gemahlen
1 Prise Cayennepfeffer
1 Bund Dill
1 Bund Radieschen

Schnell · Gelingt leicht

Pro Portion etwa:
2000 kJ/480 kcal
24 g Eiweiß · 36 g Fett
12 g Kohlenhydrate

- Zubereitungszeit: etwa
  25 Minuten

1. Den Fisch in fingerbreite Streifen schneiden. Die Zwiebeln schälen, fein hacken und mit dem Fisch in eine Schüssel füllen.

2. Die Äpfel schälen, vierteln und die Kerngehäuse entfernen. In Scheiben schneiden und zum Fisch geben. Die Sahne mit dem Zitronensaft darüber gießen. Mit Salz, Pfeffer und dem Cayennepfeffer würzen und alles mischen.

3. Den Dill abbrausen, trockenschütteln, die Spitzen bis auf einige Zweige abzupfen und fein hacken. Die Radieschen putzen, waschen, in Scheiben schneiden und bis auf einige Scheiben mit dem gehackten Dill unter den Salat mischen. Mit dem restlichen Dill und den Radieschen garnieren.

Fischterrine

Zutaten für eine Kasten- oder Pastetenform von 1 l Inhalt:
3 Schalotten
2 Eßl. Butter
1 kleiner Zucchino (etwa 100 g)
600 g Dorschfilet
Saft von 1/2 Zitrone
Salz
weißer Pfeffer, frisch gemahlen
1 Prise Cayennepfeffer
Muskatnuß, frisch gerieben
250 g Sahne
2 Eigelb
250 g Blattspinat
200 g Lachsforelle
Für die Form: Fett

Braucht etwas Zeit

Bei 8 Personen pro Portion etwa:
940 kJ/220 kcal
20 g Eiweiß · 15 g Fett
2 g Kohlenhydrate

- Zubereitungszeit: etwa
  2 Stunden
- Kühlzeit: 4 Stunden

1. Die Schalotten schälen und fein hacken. Die Butter erhitzen und die Schalotten darin anbraten. Den Zucchino waschen, grob raspeln und etwa 8 Minuten mitdünsten.

2. Das Dorschfilet in Stücke schneiden, mit dem Zitronensaft beträufeln und mit der Zucchini–Mischung pürieren. Die Masse mit Salz, Pfeffer, dem Cayennepfeffer und Muskatnuß abschmecken.

3. Die Sahne steif schlagen und mit den Eigelben unter die Fischmasse heben.

4. Den Spinat verlesen und waschen. Kurz in kochendes Salzwasser geben, dann abschrecken und abtropfen lassen. Ein Tuch anfeuchten und die Blätter darauf auslegen, so daß sie sich dabei überlappen. Die Fläche soll nicht viel breiter sein als die Form, die Sie zum Backen verwenden.

5. Die Lachsforelle in etwa 2 cm große Stücke schneiden und auf dem Spinat verteilen. Das Tuch auf einer Seite anheben und damit eine Hälfte der Spinatfläche über die andere legen, so daß der Fisch rundum vom Spinat eingehüllt ist.

6. Den Backofen auf 80° vorheizen. Die Form mit Alufolie auslegen und diese einfetten. Die Hälfte der Fischmasse hineinfüllen, die Spinatrolle darauf setzen und die restliche Masse darüber geben.

7. Die Form mit Alufolie gut verschließen und in die Fettpfanne des Backofens (Mitte) stellen. Heißes Wasser hineingießen und etwa 1 Stunde 10 Minuten garen. Nach der Hälfte der Garzeit die Folie abnehmen.

8. Die Terrine etwa 4 Stunden auskühlen lassen. Dann aus der Form stürzen, in Scheiben schneiden und mit grünem Salat servieren.

Im Bild vorne: Fischterrine
Im Bild hinten: Matjes-Salat

Forellencreme-suppe

Zutaten für 4 Personen:
2 geräucherte Forellen (je etwa
250 g)
1 kleine Zwiebel
125 g Sahne
2 Eigelb
Salz
weißer Pfeffer, frisch gemahlen
1 EßI. Zitronensaft
Worcestersauce
40 g Kerbel

Für Gäste

Pro Portion etwa:
910 kJ/220 kcal
21 g Eiweiß · 13 g Fett
2 g Kohlenhydrate

• Zubereitungszeit: etwa
1 1/4 Stunden

1. Die Forellen häuten, Filets herauslösen und beiseite legen. Haut und Gräten aufheben.

2. Die Zwiebel schälen, vierteln und mit Haut und Gräten der Forellen in einen breiten Topf geben. Mit 1 1/2 l Wasser aufgießen und aufkochen. Im offenen Topf bei schwacher Hitze etwa 35 Minuten köcheln lassen, bis sich die Flüssigkeit um ein Drittel reduziert hat. Anschließend durch ein Sieb gießen.

3. Die Forellenfilets mit der Sahne im Mixer oder mit dem Pürierstab pürieren, dann mit dem Fischsud in den Topf zurückgeben und alles kurz aufkochen.

4. Die Eigelbe in einer Tasse mit 1–2 Eßlöffeln der Suppe verrühren, dann unterrühren.

5. Die Suppe mit Salz, Pfeffer, dem Zitronensaft und Wörcestersauce abschmecken. Den Kerbel waschen, trockenschütteln, die Blättchen abzupfen und in die Suppe streuen. Mit Toast und Butter servieren.

Ungarischer Fischtopf

Zutaten für 4 Personen:
1 kg gemischte Flußfische, möglichst
3 Sorten
3 große Zwiebeln
400 g festkochende Kartoffeln
4 Fleischtomaten
2 EßI. Sonnenblumenöl
2 EßI. Paprikapulver, edelsüß
1/8 l Fischfond (selbstgemacht oder
aus dem Glas)
Salz
schwarzer Pfeffer, frisch gemahlen
2 grüne Paprikaschoten
4 Scheiben Weißbrot

Spezialität aus Ungarn

Pro Portion etwa:
1700 kJ/400 kcal
43 g Eiweiß · 12 g Fett
36 g Kohlenhydrate

• Zubereitungszeit: etwa
1 1/2 Stunden

1. Die Fische vom Händler ausnehmen und vorbereiten lassen. Die Fischköpfe mitnehmen. Das Fischfleisch in mundgerechte Würfel schneiden.

2. Die Zwiebeln und die Kartoffeln schälen. Die Zwiebeln fein hacken, die Kartoffeln würfeln. Die Tomaten mit kochendem Wasser überbrühen, häuten und entkernen. Dann grob hacken und dabei die Stielansätze entfernen.

3. In einem großen Topf das Öl erhitzen. Die Zwiebeln und die Kartoffeln darin unter Rühren etwa 10 Minuten bei schwacher Hitze dünsten. Dann mit dem Paprikapulver bestäuben und die Tomatenwürfel dazugeben.

4. Den Fischfond in den Topf gießen und alles aufkochen lassen, mit Salz und Pfeffer würzen. Die Fischköpfe einlegen und zugedeckt bei schwacher Hitze etwa 30 Minuten köcheln lassen. Danach die Fischköpfe herausnehmen und wegwerfen.

5. Inzwischen die Paprikaschoten halbieren, von den Kerngehäusen befreien, waschen und in Streifen schneiden.

6. Die Fischwürfel und die Paprikastreifen in den Sud geben und alles zugedeckt bei schwacher Hitze in etwa 10 Minuten gar ziehen lassen.

7. Je 1 Weißbrotscheibe in einen Suppenteller legen und mit der Fischsuppe auffüllen.

Im Bild vorne: Forellencremesuppe
Im Bild hinten: Ungarischer Fischtopf

Friesische Fischsuppe

*1 kg gemischte Meeresfische
(zum Beispiel Schellfisch, Kabeljau,
Rot- oder Goldbarsch, Scholle, Seezunge, Steinbutt)*

1 Möhre

1/4 Sellerieknolle

1 Zwiebel

1 Lauchstange

*300 g Fischabfälle (Köpfe und
Gräten)*

1 Eßl. weiße Pfefferkörner

1 Lorbeerblatt

1/4 l trockener Weißwein

3 Eigelb

250 g Sahne

Salz

weißer Pfeffer, frisch gemahlen

1 Teel. Zitronensaft

1 Bund Dill

Braucht etwas Zeit

Pro Portion etwa:
1900 kJ/450 kcal
47 g Eiweiß · 23 g Fett
8 g Kohlenhydrate

• Zubereitungszeit: etwa
  1 1/4 Stunden

1. Die Fische, wenn nötig, entgräten und häuten. Dann
waschen, trockentupfen und in
mundgerechte Würfel schneiden. Die Möhre und den Sellerie putzen, die Zwiebel schälen. Den Lauch putzen, längs
halbieren und gründlich
waschen. Eine Hälfte des Gemüses klein hacken, die andere
Hälfte sehr fein schneiden.

2. Das gehackte Gemüse mit
den Fischabfällen, den Pfefferkörnern und dem Lorbeerblatt
in einen Topf füllen. Mit dem
Weißwein aufgießen und alles
im geöffneten Topf bei mittlerer
Hitze etwa 10 Minuten
köcheln lassen. 3/4 l Wasser
dazugießen und weitere
15 Minuten kochen lassen.

3. Den Sud durch ein Sieb
gießen und zurück in den Topf
füllen. Die Fischstücke und das
feingeschnittene Gemüse hineinlegen und bei schwacher
Hitze etwa 5 Minuten ziehen
lassen. Die Eigelbe mit der
Sahne verquirlen und in die
Fischsuppe rühren. Bei starker
Hitze dicklich werden, aber
nicht mehr kochen lassen.

4. Die Suppe mit Salz, Pfeffer
und dem Zitronensaft ab-
schmecken. Den Dill waschen,
trockenschütteln, die Blättchen
abzupfen und fein hacken. Die
Suppe mit dem Dill bestreuen
und servieren.

Avocadosuppe mit Fisch-klößchen

Zutaten für 4 Personen:

2 Schalotten

1 Eßl. Butter

2 reife Avocados (je etwa 200 g)

Saft von 1/2 Zitrone

3/4 l Gemüsebrühe

Salz

weißer Pfeffer, frisch gemahlen

Muskatnuß, frisch gerieben

1 Prise Cayennepfeffer

250 g Kabeljaufilet

1 Eßl. Crème fraîche

1 Eigelb

1 Bund Dill

Exklusiv

Pro Portion etwa:
1300 kJ/310 kcal
13 g Eiweiß · 27 g Fett
2 g Kohlenhydrate

• Zubereitungszeit: etwa
45 Minuten

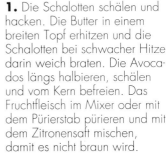

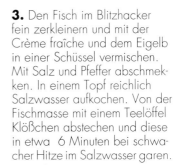

1. Die Schalotten schälen und hacken. Die Butter in einem breiten Topf erhitzen und die Schalotten bei schwacher Hitze darin weich braten. Die Avocados längs halbieren, schälen und vom Kern befreien. Das Fruchtfleisch im Mixer oder mit dem Pürierstab pürieren und mit dem Zitronensaft mischen, damit es nicht braun wird.

2. Das Avocadopüree zusammen mit der Gemüsebrühe zu den Schalotten geben, umrühren und bei schwacher Hitze etwa 30 Minuten köcheln lassen. Mit Salz, Pfeffer, Muskat und dem Cayennepfeffer würzen.

3. Den Fisch im Blitzhacker fein zerkleinern und mit der Crème fraîche und dem Eigelb in einer Schüssel vermischen. Mit Salz und Pfeffer abschmekken. In einem Topf reichlich Salzwasser aufkochen. Von der Fischmasse mit einem Teelöffel Klößchen abstechen und diese in etwa 6 Minuten bei schwacher Hitze im Salzwasser garen.

4. Den Dill abbrausen, trockenschütteln, die Spitzen von den Stengeln zupfen und fein hacken. Die Avocadosuppe in vier Suppentassen füllen, die Fischklößchen darin verteilen und mit dem gehackten Dill bestreuen.

Seelachssuppe mit Zucchini

Zutaten für 4 Personen:

800 g Seelachsfilet

Saft von 1/2 Zitrone · Salz

weißer Pfeffer, frisch gemahlen

1 große Zwiebel

1 Knoblauchzehe

2 Eßl. Butter

1/4 l trockener Weißwein

1 Lorbeerblatt · 2 Gewürznelken

1/2 Bund Petersilie

1 l Gemüsebrühe

300 g Zucchini

100 g Kirschtomaten

1 Bund Basilikum

Raffiniert

Pro Portion etwa:
1200 kJ/290 kcal
39 g Eiweiß · 8 g Fett
7 g Kohlenhydrate

- Zubereitungszeit: etwa
  1 Stunde

1. Das Seelachsfilet abspülen, trockentupfen, mit dem Zitronensaft beträufeln, salzen und pfeffern. Zugedeckt im Kühlschrank bis zur Weiterverarbeitung durchziehen lassen.

2. Die Zwiebel schälen und in feine Ringe schneiden. Den Knoblauch schälen. Die Butter in einem großen Topf erhitzen und die Zwiebel darin glasig braten. Den Knoblauch durch die Presse dazudrücken.

3. Mit dem Weißwein aufgießen, das Lorbeerblatt, die Nelken und die Petersilie hineingeben. Im offenen Topf bei mittlerer Hitze um etwa die Hälfte einkochen lassen. Dann die Gemüsebrühe dazugießen, alles aufkochen lassen und mit Salz und Pfeffer würzen.

4. Inzwischen die Zucchini waschen, abtrocknen, von den Stielansätzen befreien und in dünne Scheiben schneiden. Die Scheiben in die siedende Suppe einlegen und zugedeckt bei mittlerer Hitze etwa 10 Minuten garen.

5. Die Tomaten mit kochendem Wasser überbrühen und häuten. Den Fisch in mundgerechte Stücke schneiden und mit den Tomaten in die Suppe geben. Bei schwacher Hitze etwa 8 Minuten ziehen lassen.

6. Das Basilikum waschen, trockenschütteln und die Blättchen abzupfen. Die Seelachssuppe damit bestreuen.

Lauchsuppe mit Rotbarsch

Zutaten für 4 Personen:

250 g mehligkochende Kartoffeln

(zum Beispiel Primura)

2 Eßl. Butter

500 g Lauch

100 ml trockener Weißwein

Salz

weißer Pfeffer, frisch gemahlen

500 g Rotbarschfilet

Saft von 1/2 Zitrone

1/2 Bund Dill

Preiswert

Pro Portion etwa:
1100 kJ/260 kcal
26 g Eiweiß · 11 g Fett
13 g Kohlenhydrate

- Zubereitungszeit: etwa
  45 Minuten

1. Die Kartoffeln schälen und grob raspeln. Die Butter in einem großen Topf erhitzen und die Kartoffeln darin bei mittlerer Hitze weich braten.

2. Den Lauch putzen, längs halbieren, gründlich waschen und in feine Ringe schneiden. Zu den Kartoffeln geben und kurz mitdünsten. Mit dem Weißwein und etwa 600 ml Wasser aufgießen. Alles salzen, pfeffern und etwa 15 Minuten bei mittlerer Hitze köcheln lassen.

3. Das Rotbarschfilet in mundgerechte Stücke schneiden, mit dem Zitronensaft beträufeln und salzen.

4. Die Suppe im Mixer oder mit dem Pürierstab fein zerkleinern. Nochmals aufkochen und abschmecken. Die Fischstücke hineinlegen und bei schwacher Hitze zugedeckt in etwa 5 Minuten gar ziehen lassen.

5. Inzwischen den Dill abbrausen, trockenschütteln und von den Stengeln zupfen. Die Suppe damit bestreuen.

Im Bild vorne:
Lauchsuppe mit Rotbarsch
Im Bild hinten:
Seelachssuppe mit Zucchini

Miesmuschel-ragout

Zutaten für 4 Personen:

2 kg Miesmuscheln

3 Zwiebeln

2 EßI. Olivenöl

4 Knoblauchzehen

1 Zweig Thymian oder 2 Teel.

getrockneter Thymian

1/4 l trockener Weißwein

600 g Fleischtomaten

2 Fenchelknollen

Salz

schwarzer Pfeffer, frisch gemahlen

Raffiniert

Pro Portion etwa:
930 kJ/220 kcal
15 g Eiweiß · 6 g Fett
14 g Kohlenhydrate

- Zubereitungszeit: etwa
  1 1/4 Stunden

1. Die Muscheln unter kaltem Wasser abbürsten. Geöffnete Exemplare wegwerfen.

2. Die Zwiebeln schälen und hacken. In einem großen Topf das Öl erhitzen und die Zwiebeln darin anbraten. Den Knoblauch schälen und durch die Presse dazudrücken. Den Thymianzweig einlegen. Mit dem Weißwein und 1/4 l Wasser aufgießen und aufkochen. Die Muscheln hinzufügen und 8–10 Minuten zugedeckt bei mittlerer Hitze kochen lassen, bis sie geöffnet sind. Geschlossene Exemplare wegwerfen, sie sind ungenießbar.

3. Das Muschelfleisch aus den

Schalen nehmen und beiseite stellen. Den Muschelsud durch ein Sieb in einen kleinen Topf gießen und etwa um ein Drittel einkochen lassen.

4. Die Tomaten mit kochendem Wasser überbrühen und häuten. Grob würfeln und die Stielansätze entfernen. In den Muschelsud geben. Bei schwacher Hitze im offenen Topf etwa 5 Minuten köcheln.

5. Inzwischen den Fenchel putzen, waschen, das Grün abschneiden und beiseite stellen. Die Knollen in kleine Würfel schneiden, in den Sud geben und etwa 5 Minuten mitdünsten. Das Fenchelgrün hacken.

6. Den Sud mit Salz und Pfeffer kräftig abschmecken. Die Muscheln hineinlegen und bei schwacher Hitze etwa 2 Minuten erwärmen. Das Fenchelgrün über das Ragout streuen. Mit Baguette servieren.

Dorschragout

Zutaten für 4 Personen:

2 große Stangen Lauch

2 Zwiebeln

4 Möhren

2 Fleischtomaten

4 EßI. Butter

Salz · weißer Pfeffer, frisch gemahlen

800 g Dorschfilet

Saft von 1/2 Zitrone

3 EßI. Maiskeimöl

Paprikapulver, edelsüß

1 Bund Petersilie

Gelingt leicht

Pro Portion etwa:
1600 kJ/380 kcal
38 g Eiweiß · 20 g Fett
12 g Kohlenhydrate

- Zubereitungszeit: etwa
  50 Minuten

1. Den Lauch putzen, der Länge nach halbieren, waschen und in etwa 1/2 cm breite Streifen schneiden. Die Zwiebeln schälen und fein hacken. Die Möhren schälen, waschen und klein würfeln.

2. Die Tomaten mit kochendem Wasser überbrühen, häuten und halbieren. Die Kerne und Stielansätze entfernen, das Fruchtfleisch klein schneiden.

3. Die Butter erhitzen. Den Lauch, die Zwiebeln und die Möhren darin bei schwacher Hitze etwa 10 Minuten braten. Die Tomaten hinzufügen, salzen und pfeffern, aufkochen lassen und bei schwacher Hitze warm halten.

4. Den Fisch in mundgerechte Stücke schneiden, salzen und mit dem Zitronensaft beträufeln. In einer Pfanne das Öl erhitzen, den Fisch etwa 3 Minuten darin anbraten und dabei einmal wenden. Dann mit Paprikapulver, Salz und Pfeffer würzen und unter das Gemüse heben.

5. Die Petersilie waschen, trockenschütteln, die Blättchen abzupfen und fein hacken. Über das Dorschragout streuen.

Im Bild vorne: Dorschragout
Im Bild hinten: Miesmuschelragout

Fischcurry mit Rhabarber

Zutaten für 4 Personen:

600 g Dorsch- oder Kabeljaufilet

Saft von 1/2 Zitrone

Salz

weißer Pfeffer, frisch gemahlen

1 große Zwiebel

2 Eßl. Sojaöl

1 Knoblauchzehe

300 g Rhabarber

2 Eßl. Currypulver

1/2 Teel. Zucker

3/8 l Gemüsebrühe

100 g Sahne

1 Bund glatte Petersilie

Exklusiv

Pro Portion etwa:
1000 kJ/240 kcal
28 g Eiweiß · 13 g Fett
6 g Kohlenhydrate

- Zubereitungszeit: etwa
50 Minuten

1. Den Fisch abspülen, trockentupfen und in mundgerechte Würfel schneiden. Mit etwa drei Viertel des Zitronensafts beträufeln, salzen, pfeffern und zugedeckt kalt stellen.

2. Die Zwiebel schälen und fein hacken. Das Öl in einem breiten Topf erhitzen und die Zwiebel darin bei schwacher Hitze anbraten. Den Knoblauch schälen und zur Zwiebel pressen.

3. Den Rhabarber putzen, schälen und in etwa 1 cm breite Stücke schneiden. Zur Zwiebel geben, etwa 3 Minuten

mitdünsten und dann mit dem Currypulver und dem Zucker bestäuben. Mit der Gemüsebrühe aufgießen. Mit Salz, Pfeffer und dem restlichen Zitronensaft würzen. Die Sahne unterrühren, aufkochen und im offenen Topf etwa 10 Minuten köcheln lassen.

4. Die Petersilie waschen, trockenschütteln, die Blättchen abzupfen und hacken.

5. Die Fischwürfel in die Sauce legen und bei schwacher Hitze in etwa 5 Minuten gar ziehen lassen. Das Fischcurry mit Salz und Pfeffer abschmecken und die Petersilie darüber streuen. Dazu paßt Reis mit gerösteten Mandelblättchen oder Naturreis.

Kabeljau mit Zuckerschoten

Zutaten für 4 Personen:

250 g Zuckerschoten

250 g Möhren

2 Eßl. Butter

Salz

weißer Pfeffer, frisch gemahlen

400 ml Fischfond (selbstgemacht oder aus dem Glas)

150 g Crème fraîche

1 Teel. Speisestärke

600 g Kabeljaufilet

2 Teel. Zitronensaft

Für Ungeübte

Pro Portion etwa:
1600 kJ/380 kcal
31 g Eiweiß · 23 g Fett
11 g Kohlenhydrate

- Zubereitungszeit: etwa
50 Minuten

1. Die Zuckerschoten putzen, waschen und schräg in etwa 1 cm lange Stücke schneiden. Die Möhren schälen, waschen und in dünne schräge Scheiben schneiden.

2. Die Butter in einem breiten Topf erhitzen und die Möhren darin kurz anbraten. Mit Salz und Pfeffer würzen. Die Zuckerschoten etwa 2 Minuten mitdünsten.

3. Mit dem Fischfond ablöschen und bei mittlerer Hitze etwa um ein Drittel einkochen lassen. Die Crème fraîche hinzufügen und alles etwa 10 Minuten köcheln lassen.

4. Die Speisestärke mit etwas kaltem Wasser glattrühren, hinzufügen und alles einmal aufkochen lassen.

5. Den Fisch in mundgerechte Stücke schneiden, mit dem Zitronensaft beträufeln, salzen, pfeffern und unter die Gemüsemischung heben. Zugedeckt bei schwacher Hitze in etwa 5 Minuten gar ziehen lassen.

Im Bild vorne:
Kabeljau mit Zuckerschoten
Im Bild hinten:
Fischcurry mit Rhabarber

Seeteufel mit Grapefruit-sauce

Zutaten für 4 Personen:

200 g Möhren

2 Eßl. Butter

2 rosa Grapefruits

4 Eßl. Crème double

100 ml Fischfond (selbstgemacht oder aus dem Glas)

Salz

weißer Pfeffer, frisch gemahlen

8 Seeteufelmedaillons (je etwa 100 g)

Saft von 1/2 Zitrone

1 Eßl. Maiskeimöl

Exklusiv • Etwas teuer

Pro Portion etwa:
1600 kJ/380 kcal
31 g Eiweiß · 19 g Fett
15 g Kohlenhydrate

- Zubereitungszeit: etwa 30 Minuten

1. Die Möhren schälen, waschen und in dünne Scheiben schneiden. 1 Eßlöffel Butter in einem hohen Topf erhitzen. Die Möhren darin etwa 10 Minuten weich dünsten.

2. Die Grapefruits halbieren, auspressen und den Saft zu den Möhren gießen.

3. Die Crème double unterrühren, mit dem Fischfond aufgießen und alles etwa 5 Minuten bei mittlerer Hitze köcheln lassen. Dann die Sauce mit dem Pürierstab durchmixen und mit Salz und Pfeffer würzig abschmecken. Die Sauce warm halten.

4. Den Fisch abspülen, trockentupfen, mit dem Zitronensaft beträufeln, salzen und pfeffern.

5. Die restliche Butter mit dem Öl in einer großen Pfanne heiß werden lassen. Die Seeteufelmedaillons darin etwa 5 Minuten braten und dabei einmal wenden. Mit der Sauce anrichten. Dazu paßt Wildreis.

Paprika-Heilbutt-Pfanne

Zutaten für 4 Personen:

600 g Heilbuttfilet

2 Teel. Zitronensaft

Salz

weißer Pfeffer, frisch gemahlen

500 g Paprikaschoten, rot, gelb und grün gemischt

2 Eßl. Mehl

3 Eßl. Sonnenblumenöl

2 Knoblauchzehen

100 ml trockener Weißwein

3 Eßl. Sahne

1 Eßl. Tomatenmark

Paprikapulver, edelsüß

je 1 Teel. Thymian und Oregano, frisch oder getrocknet

1 Prise Zucker

Für Ungeübte

Pro Portion etwa:
1300 kJ/310 kcal
32 g Eiweiß · 13 g Fett
10 g Kohlenhydrate

- Zubereitungszeit: etwa 35 Minuten

1. Das Heilbuttfilet waschen, trockentupfen und in mundgerechte Würfel schneiden. Mit dem Zitronensaft beträufeln, salzen und pfeffern.

2. Die Paprikaschoten putzen, von den Kerngehäusen befreien, waschen und in schmale Streifen schneiden.

3. Das Mehl in einen Teller geben, die Fischwürfel darin wenden und das überschüssige Mehl abschütteln. Das Öl in einer großen Pfanne erhitzen. Die Fischwürfel etwa 1 Minute darin rundum anbraten, dann herausnehmen und zugedeckt beiseite stellen.

4. Die Paprikastreifen im verbliebenen Bratfett etwa 3 Minuten anbraten. Den Knoblauch schälen und dazupressen. Den Weißwein, die Sahne und das Tomatenmark daruntermischen. Alles mit Salz, Pfeffer, Paprikapulver, dem Thymian, dem Oregano und dem Zucker würzen. Zugedeckt bei schwacher Hitze etwa 8 Minuten schmoren lassen.

5. Die Fischwürfel zum Gemüse geben und darin etwa 2 Minuten erwärmen. Dazu paßt Reis oder Baguette.

Bild oben:
Seeteufel mit Grapefruitsauce
Bild unten: Paprika-Heilbutt-Pfanne

Schwertfisch in Kokossauce

Zutaten für 4 Personen:

1 kleine Zwiebel

2 Eßl. Butter

2 Teel. Currypulver

1/4 l Fischfond (selbstgemacht oder aus dem Glas)

125 g Sahne

Salz

weißer Pfeffer, frisch gemahlen

1 Prise Zucker · 1 Eßl. Zitronensaft

2 Eßl. Kokosflocken

4 Scheiben Schwertfisch (je etwa 180 g)

3 Eßl. Sojaöl

Exklusiv • Schnell

Pro Portion etwa:
2400 kJ/570 kcal
35 g Eiweiß · 45 g Fett
8 g Kohlenhydrate

● Zubereitungszeit: etwa
25 Minuten

1. Die Zwiebel schälen und fein hacken. Die Butter in einem mittelgroßen Topf erhitzen und die Zwiebel darin gla-

sig braten. Dann mit dem Currypulver bestäuben.

2. Den Fischfond und die Sahne dazugießen, alles durchrühren und in etwa 5 Minuten bei mittlerer Hitze leicht cremig einkochen lassen.

3. Die Sauce mit Salz, Pfeffer, dem Zucker und dem Zitronensaft abschmecken. Die Kokosflocken unterrühren. Die Sauce warm halten.

4. Den Fisch waschen, trockentupfen, salzen und pfeffern. Das Öl in einer großen Pfanne erhitzen und den Fisch darin etwa 6 Minuten braten, dabei einmal wenden.

5. Den Schwertfisch auf vier vorgewärmte Teller legen und mit der Sauce übergießen. Dazu passen Reis, besonders gut Wildreis, und knackiger Blattsalat.

Scholle mit Basilikum-Dip

Zutaten für 4 Personen:

2 Bund Basilikum

250 g Quark (20 %)

5 Eßl. Zitronensaft

Salz

weißer Pfeffer, frisch gemahlen

4 küchenfertige Schollen (je etwa 400 g)

Mehl zum Wenden

8 Eßl. Butterschmalz

1 unbehandelte Zitrone

Gelingt leicht

Pro Portion etwa:
2500 kJ/600 kcal
77 g Eiweiß · 26 g Fett
10 g Kohlenhydrate

● Zubereitungszeit: etwa
40 Minuten

1. Das Basilikum abbrausen, trockenschütteln, die Blättchen abzupfen und mit dem Quark und 3 Eßlöffeln Zitronensaft im Mixer pürieren. Das Püree in eine Schüssel füllen und mit Salz und Pfeffer würzen. Kalt stellen.

2. Die Schollen abspülen und gut trockentupfen. Mit dem restlichen Zitronensaft beträufeln, rundum salzen und pfeffern.

3. Mehl in einen tiefen Teller geben und die Schollen darin wenden, bis sie ganz damit bedeckt sind. Die Fische kurz auf ein Kuchengitter legen, damit das Mehl antrocknen kann.

4. In einer großen Pfanne 2 Eßlöffel Butterschmalz erhitzen. Die Schollen darin bei mittlerer Hitze von jeder Seite 5–6 Minuten braten. Immer wieder Butterschmalz nachgeben.

5. Die Zitrone heiß abwaschen, abtrocknen und in Achtel schneiden. Mit den Schollen anrichten. Den Basilikum-Dip dazu reichen.

Im Bild vorne:
Schwertfisch in Kokossauce
Im Bild hinten:
Scholle mit Basilikum-Dip

Zanderfilets mit Zucchini

Zutaten für 4 Personen:
4 Zanderfilets (je etwa 150 g)
Saft von 1/2 Zitrone
350 g Zucchini
2 Eßl. Butter
Salz
schwarzer Pfeffer, frisch gemahlen
Muskatnuß, frisch gerieben
100 ml trockener Weißwein
2 Eßl. Butterschmalz

Gelingt leicht

Pro Portion etwa:
1100 kJ/260 kcal
30 g Eiweiß · 13 g Fett
3 g Kohlenhydrate

• Zubereitungszeit: etwa
  50 Minuten

1. Den Fisch waschen, trockentupfen und mit dem Zitronensaft
beträufeln.

2. Die Zucchini waschen,
trockentupfen, von den Stielansätzen befreien und in dünne
Scheiben schneiden. Die Butter
erhitzen. Die Zucchini darin
etwa 5 Minuten anbraten, salzen, pfeffern und mit Muskat
würzen. Den Weißwein dazugießen und alles weitere 8 Minuten bei mittlerer Hitze zugedeckt garen lassen.

3. Das Butterschmalz in einer
großen Pfanne erhitzen. Den
Fisch abtupfen und darin auf
jeder Seite etwa 2 Minuten
braten. Danach salzen, pfeffern und mit den Zucchini
anrichten.

Thunfisch-steaks mit Knoblauch

Zutaten für 4 Personen:
1 ganze Knoblauchknolle
2 mittelgroße rote Paprikaschoten
3 Fleischtomaten
1 kleine frische Chilischote
1 Bund Koriander (ersatzweise glatte Petersilie)
1/2 Teel. Kreuzkümmel
Salz
weißer Pfeffer, frisch gemahlen
4 Scheiben Thunfisch (je etwa 180 g)
3 Eßl. Butterschmalz

Raffiniert

Pro Portion etwa:
2300 kJ/550 kcal
40 g Eiweiß · 34 g Fett
8 g Kohlenhydrate

• Zubereitungszeit: etwa 2 1/2
  Stunden (davon 45 Minuten
  Garzeit und 1 Stunde Kühlzeit)

1. Den Backofen auf 180° vorheizen. Die Knoblauchknolle in
Alufolie wickeln und für etwa
45 Minuten in den Backofen
(Mitte) legen.

2. Inzwischen die Paprikaschoten waschen und ebenfalls für
etwa 20 Minuten mit in den
Backofen (Mitte) legen, dabei
einmal wenden.

3. Die Tomaten mit kochendem Wasser überbrühen, häuten, entkernen, das Fruchtfleisch klein hacken und dabei
die Stielansätze entfernen. Die

Chilischote waschen, entkernen
und fein hacken.

4. Die Paprikaschoten aus
dem Backofen nehmen, etwas
abkühlen lassen, dann die
Haut abziehen und die Kerngehäuse entfernen. Das Fruchtfleisch in kleine Würfel schneiden und mit den Tomaten und
der Chilischote in eine Schüssel
füllen.

5. Den Koriander abbrausen,
trockenschütteln, die Blättchen
abzupfen, fein hacken und
dazufügen. Mit dem Kreuzkümmel, Salz und Pfeffer kräftig
würzen.

6. Die Knoblauchknolle aus
dem Backofen nehmen und
etwas abkühlen lassen. Die
Zehen aus der Schale in die
Gemüse-Mischung drücken.
Alles gut durchmischen und
etwa 1 Stunde im Kühlschrank
zugedeckt ziehen lassen.

7. Die Thunfischsteaks leicht
salzen und pfeffern. Das Butterschmalz in einer breiten Pfanne
erhitzen. Den Fisch darin auf
jeder Seite etwa 2 Minuten
braten. Das Gemüse mit den
Thunfischsteaks anrichten.

Im Bild vorne:
Zanderfilets mit Zucchini
Im Bild hinten:
Thunfischsteaks mit Knoblauch

Hecht-frikadellen mit Tomaten

Zutaten für 4 Personen:

600 g Fleischtomaten

600 g Hechtfilet

100 g Crème fraîche

2 Eier

Salz

weißer Pfeffer, frisch gemahlen

1 Prise Muskatnuß, frisch gerieben

1 Prise Cayennepfeffer

2 Bund Basilikum

2 Knoblauchzehen

2 Eßl. Butterschmalz

1 Eßl. Butter

Raffiniert

Pro Portion etwa:
1400 kJ/330 kcal
32 g Eiweiß · 22 g Fett
6 g Kohlenhydrate

• Zubereitungszeit: etwa
45 Minuten

1. Die Fleischtomaten mit kochendem Wasser über-brühen, häuten und achteln. Dabei die Stielansätze entfernen. Das Hechtfilet fein pürieren und in eine Schüssel füllen. Die Crème fraîche und die Eier untermischen. Die Masse mit Salz, Pfeffer, der Muskatnuß und dem Cayennepfeffer abschmecken.

2. Das Basilikum abbrausen, trockenschütteln und von den Stengeln zupfen. Die Hälfte der Blättchen in feine Streifen schneiden. Den Knoblauch schälen und durch die Presse in die Fischmasse drücken. Das geschnittene Basilikum hinzufügen und alles gut durchmischen.

3. Aus der Masse mit angefeuchteten Händen tischtennisballgroße Kugeln formen und flachdrücken. In einer breiten Pfanne das Butterschmalz heiß werden lassen und bei mittlerer Hitze die Frikadellen darin von jeder Seite etwa 2 Minuten braten.

4. Gleichzeitig in einer zweiten Pfanne die Butter schmelzen und die Tomaten darin etwa 8 Minuten bei schwacher Hitze dünsten, salzen, pfeffern und mit dem restlichen Basilikum bestreuen. Mit dem Fisch anrichten. Dazu passen Stangenweißbrot oder kleine, im Ganzen gebratene Kartoffeln.

Rotbarsch im Bierteig

Zutaten für 4 Personen:

200 g Mehl
200 ml helles Bier
2 Eier
Salz
weißer Pfeffer, frisch gemahlen
750 g Rotbarschfilet
1 Eiweiß
6 Eßl. Maiskeimöl
1 unbehandelte Zitrone

Gelingt leicht
Preiswert

Pro Portion etwa:
2200 kJ/520 kcal
40 g Eiweiß · 22 g Fett
42 g Kohlenhydrate

- Zubereitungszeit: etwa
  45 Minuten

1. Das Mehl in eine Schüssel sieben. Das Bier und die Eier sorgfältig unterrühren, bis der Teig ganz glatt ist. Mit Salz und Pfeffer kräftig würzen. Zugedeckt 15–20 Minuten quellen lassen.

2. Das Rotbarschfilet unter fließendem kalten Wasser waschen, trockentupfen, salzen, pfeffern und zugedeckt beiseite stellen. Das Eiweiß steif schlagen und unter den ausgequollenen Bierteig heben.

3. Die Fischfilets vorsichtig im Bierteig wenden. Das Öl in einer breiten Pfanne erhitzen und die Filets darin bei mittlerer Hitze von beiden Seiten in 10–15 Minuten goldbraun backen.

4. Die Zitrone waschen, in Scheiben schneiden und die Fischfilets damit garnieren. Dazu passen eine Remouladensauce und Kartoffelsalat.

Kabeljau in Sesamhülle

Zutaten für 4 Personen:

1 kleine reife Mango

Saft von 1/2 Zitrone

1 Eßl. Magerquark

Salz

weißer Pfeffer, frisch gemahlen

1 Prise Cayennepfeffer

100 g Sesam

750 g Kabeljaufilet

5 Eßl. Mehl

2 Eier

6 Eßl. Sesamöl

Raffiniert

Pro Portion etwa:
2100 kJ/500 kcal
42 g Eiweiß · 27 g Fett
23 g Kohlenhydrate

● Zubereitungszeit: etwa
40 Minuten

1. Die Mango schälen, das Fruchtfleisch vom Kern schneiden und mit 1 Eßlöffel Zitronensaft und dem Quark pürieren. Mit Salz, Pfeffer und dem Cayennepfeffer abschmecken.

2. Den Sesam im Blitzhacker oder in der Getreidemühle grob mahlen.

3. Den Fisch waschen, trockentupfen und in vier Portionen teilen. Mit dem restlichen Zitronensaft beträufeln, salzen und pfeffern.

4. Das Mehl in einen Teller geben. Die Eier in einem zweiten Teller verschlagen. Den Fisch zuerst im Mehl wenden, dann durch die Eier ziehen und mit dem gemahlenen Sesam panieren.

5. Das Öl in einer großen Pfanne erhitzen und den Fisch darin bei mittlerer Hitze in etwa 8 Minuten goldbraun braten, dabei einmal wenden. Mit der Mangosauce servieren.

Renkenfilets im Parmesanmantel

Zutaten für 4 Personen:

750 g Renkenfilets (Felchen)

Saft von 1/2 Zitrone

Salz

weißer Pfeffer, frisch gemahlen

5 Eßl. Mehl

1 Ei

150 g Paniermehl

50 g frisch geriebener Parmesan

50 g feingemahlene Mandeln

1 Teel. getrockneter Oregano

4 Eßl. Butterschmalz

1 unbehandelte Zitrone

Für Gäste

Pro Portion etwa:
2500 kJ/600 kcal
47 g Eiweiß · 27 g Fett
39 g Kohlenhydrate

● Zubereitungszeit: etwa
25 Minuten

1. Die Renkenfilets kalt abspülen, trockentupfen, mit dem Zitronensaft beträufeln, salzen und pfeffern.

2. Das Mehl in einen Teller schütten, das Ei in einem zweiten Teller verquirlen. Das Paniermehl mit dem Parmesan und den Mandeln in einem dritten Teller mischen, mit dem Oregano, Salz und Pfeffer würzen.

3. Die Fischfilets im Mehl wenden, das überschüssige Mehl abschütteln. Anschließend durch das verquirlte Ei ziehen, in die Parmesanpanade legen, wenden und die Panade leicht andrücken. Die überschüssige Panade abschütteln.

4. Das Butterschmalz in einer großen Pfanne erhitzen und den Fisch bei mittlerer Hitze in 3–4 Minuten goldbraun braten, dabei einmal wenden.

5. Die Zitrone achteln und mit den Renkenfilets anrichten. Dazu paßt saftiger Kartoffelsalat, mit Gurken gemischt.

Im Bild vorne:
Renkenfilets im Parmesanmantel
Im Bild hinten:
Kabeljau in Sesamhülle

Haifischsteaks mit Sherry-sauce

Zutaten für 4 Personen:
750 g Haifischsteaks
Saft von 1/2 Zitrone
Salz
weißer Pfeffer, frisch gemahlen
2 Eßl. Butter
1 Eßl. Nußöl
100 ml trockener Sherry (Fino)
250 g Sahne
100 g eiskalte Butter

Exklusiv • Schnell

Pro Portion etwa:
2800 kJ/670 kcal
39 g Eiweiß · 53 g Fett
3 g Kohlenhydrate

• Zubereitungszeit: etwa
30 Minuten

1. Von den Haifischsteaks die Gräten und die Haut ablösen. Den Fisch waschen, trockentupfen, mit dem Zitronensaft beträufeln, salzen und pfeffern.

2. Die Butter und das Öl in einer großen Pfanne erhitzen. Den Fisch darin bei mittlerer Hitze in etwa 6 Minuten braten, dabei einmal wenden. Warm stellen.

3. Den Sherry mit der Sahne in einen hohen Topf geben, aufkochen und etwa um die Hälfte einkochen lassen. Dann die Butter stückchenweise mit dem Schneebesen kräftig unterschlagen. Die Sauce mit Salz und Pfeffer abschmecken.

4. Die Haifischsteaks auf vier vorgewärmten Tellern anrichten und mit der Sherrysauce überziehen. Dazu passen Wildreis und Gemüse der Saison.

Saltimbocca vom Seeteufel

Zutaten für 4 Personen:
2 Fleischtomaten
8 Seeteufelmedaillons (je etwa 100 g)
Saft von 1/2 Zitrone
Salz
weißer Pfeffer, frisch gemahlen
8 dünne Scheiben Parmaschinken
8 schöne frische Salbeiblätter
8 Eßl. Butter
300 g schmale Bandnudeln
je 1 kleiner grüner und gelber Zucchino
8 Zahnstocher

Exklusiv

Pro Portion etwa:
3100 kJ/740 kcal
44 g Eiweiß · 36 g Fett
57 g Kohlenhydrate

• Zubereitungszeit: etwa
50 Minuten

1. Die Fleischtomaten mit kochendem Wasser überbrühen, häuten und entkernen. Die Stielansätze entfernen. Ein Drittel des Fruchtfleischs in kleine Würfel schneiden, den Rest pürieren.

2. Die Seeteufelmedaillons waschen, trockentupfen, mit etwa drei Viertel des Zitronensafts beträufeln, salzen und pfeffern.

3. Die Fischmedaillons auf eine Platte nebeneinander legen. Mit je 1 Scheibe Schinken und 1 Salbeiblatt bedecken und mit je 1 Zahnstocher feststecken.

4. 4 Eßlöffel Butter in einer breiten Pfanne erhitzen. Den Fisch darin etwa 5 Minuten braten, dabei einmal wenden. Herausnehmen und dann warm halten.

5. Inzwischen die Nudeln in kochendem Salzwasser in etwa 8 Minuten »al dente« kochen. Dann abgießen und abtropfen lassen.

6. Die Zucchini waschen, von den Stielansätzen befreien und in sehr feine Streifen raspeln.

7. Das Tomatenpüree in die Pfanne geben und bei schwacher Hitze etwa um ein Drittel einkochen lassen, mit Salz und Pfeffer würzen.

8. Die restliche Butter in einem breiten Topf erhitzen, die Zucchinistreifen mit den Bandnudeln darin schwenken, salzen, pfeffern und mit dem restlichen Zitronensaft abschmecken.

9. Die Seeteufel-Saltimbocca mit der Tomatensauce und den Zucchininudeln auf vier Tellern anrichten. Die Tomatenwürfelchen darüber streuen.

Im Bild vorne:
Saltimbocca vom Seeteufel
Im Bild hinten:
Haifischsteaks mit Sherrysauce

Schollen-röllchen mit Rucola

Zutaten für 4 Personen:
600 g Schollenfilets
Saft von 1/2 Zitrone
Salz
weißer Pfeffer, frisch gemahlen
1 kleine Zwiebel
500 g Austernpilze
3 Eßl. Butter
2 cl trockener Sherry (Fino) nach
Belieben
6 Eßl. Crème fraîche
1 Bund Rucola (etwa 60g)
Küchengarn

Gelingt leicht

Pro Portion etwa:
1500 kJ/360 kcal
29 g Eiweiß · 23 g Fett
3 g Kohlenhydrate

● Zubereitungszeit: etwa
45 Minuten

1. Die Schollenfilets waschen, trockentupfen, mit etwa drei Viertel des Zitronensafts beträufeln, salzen und pfeffern.

2. Die Zwiebel schälen und hacken. Die Pilze putzen, kurz abspülen, trockentupfen und in Streifen schneiden.

3. Die Butter in einer großen Pfanne erhitzen und die Pilze darin kurz braten. Die Zwiebel hinzufügen und etwa 5 Minuten dünsten. Mit dem Sherry ablöschen und fast ganz einkochen lassen. Die Crème fraîche unterrühren und mit Salz, Pfeffer

und dem restlichen Zitronensaft würzen. Weitere 5 Minuten garen lassen.

4. Die Rucola putzen, waschen und abtropfen lassen. Je 1–2 Blätter auf den Schollenfilets verteilen.

5. Die Filets aufrollen, mit Küchengarn zusammenbinden und auf die Pilze setzen. Zugedeckt bei mittlerer Hitze in etwa 10 Minuten garen.

6. Die restliche Rucola in Streifen schneiden. Die Röllchen auf Teller setzen und mit den Rucolastreifen bestreuen. Das Pilzragout daneben anrichten.

Tip!

Falls Sie keine Rucola bekommen, können Sie sie durch Spinat ersetzen.

Schellfisch-nocken

Zutaten für 4 Personen:
400 g Schellfischfilet
Saft von 1/2 Zitrone
150 g Crème fraîche
2 Eier
Salz
weißer Pfeffer, frisch gemahlen
1/4 l trockener Weißwein
1 Kästchen Kresse
4 Kirschtomaten

Exklusiv

Pro Portion etwa:
1400 kJ/330 kcal
24 g Eiweiß · 20 g Fett
4 g Kohlenhydrate

● Zubereitungszeit: etwa
1 1/4 Stunden (davon
30 Minuten Kühlzeit)

1. Den Fisch in Würfel schneiden, mit etwa der Hälfte des Zitronensafts beträufeln. Mit der Hälfte der Crème fraîche und den Eigelben pürieren. Die Eiweiße steifschlagen und unterheben. Mit Salz und Pfeffer abschmecken und für etwa 30 Minuten kalt stellen.

2. Den Weißwein und 1/4 l Wasser in einem breiten Topf erhitzen. Von der Fischmasse mit einem Teelöffel Nocken abstechen. Im leicht siedenden Sud in 5–8 Minuten gar ziehen lassen. Herausnehmen und warm stellen.

3. Den Sud im offenen Topf um die Hälfte einkochen lassen. Die restliche Crème fraîche einrühren, weitere 5 Minuten köcheln lassen, mit Salz, Pfeffer und dem restlichen Zitronensaft abschmecken. Die Fischnocken in der Sauce etwa 3 Minuten erwärmen.

4. Die Nocken aus der Sauce heben. Die Kresse abbrausen, abschneiden und unter die Sauce mischen. Die Tomaten waschen und vierteln. Mit den Fischnocken und der Sauce anrichten.

Im Bild vorne: Schellfischnocken
Im Bild hinten:
Schollenröllchen mit Rucola

Lachs mit Spargel

Zutaten für 4 Personen:

1 kg grüner Spargel

Salz

1 Prise Zucker

2 Eßl. Butter

2 Schalotten

1/4 l trockener Weißwein

250 g Sahne

weißer Pfeffer, frisch gemahlen

1 Prise Cayennepfeffer

1–2 Bund Schnittlauch

4 Scheiben Lachs (je etwa 150 g)

Etwas teurer

Pro Portion etwa:
2600 kJ/620 kcal
33 g Eiweiß · 45 g Fett
9 g Kohlenhydrate

- Zubereitungszeit: etwa
  1 Stunde

1. Den Spargel schälen, die Enden abschneiden. Reichlich Salzwasser aufkochen, den Zucker und 1 Eßlöffel Butter hinzufügen und den Spargel darin in etwa 15 Minuten garen. Dann herausnehmen, abtropfen lassen und warm stellen.

2. Inzwischen die Schalotten schälen und fein hacken. Die Butter im Topf erhitzen. Die Schalotten darin weich braten. Mit 1/8 l Weißwein ablösen und fast ganz einkochen lassen. Die Sahne hinzugießen und alles solange köcheln lassen, bis eine cremige Sauce entstanden ist. Mit Salz, Pfeffer und dem Cayennepfeffer abschmecken und warm halten.

3. Den Schnittlauch abbrausen, trockenschütteln, in Röllchen schneiden und unter die Sauce rühren.

4. Den restlichen Weißwein mit 1/4 l Wasser aufkochen. Den Lachs salzen, pfeffern und im Sud in etwa 8 Minuten bei schwacher Hitze gar ziehen lassen.

5. Den Lachs mit dem Spargel und der Sauce anrichten.

Forelle blau mit Zitronenschaum

Zutaten für 4 Personen:

4 küchenfertige Forellen (je etwa 400 g)

Saft von 2 Zitronen

Salz

1 Zwiebel

1 Bund Petersilie

1/8 l Essig

1 Lorbeerblatt

1/2 Teel. Pfefferkörner

600 g neue Kartoffeln

1 Eßl. Butter

1 Bund Dill

3 Eigelb

weißer Pfeffer, frisch gemahlen

Küchengarn

Berühmtes Rezept

Pro Portion etwa:
2400 kJ/570 kcal
82 g Eiweiß · 15 g Fett
25 g Kohlenhydrate

- Zubereitungszeit: etwa
  1 Stunde

1. Die Forellen waschen, trockentupfen, mit dem Saft von 1 Zitrone beträufeln und salzen. Kopf und Schwanz der Forellen mit Küchengarn zusammenbinden.

2. Die Zwiebel schälen und vierteln, die Petersilie waschen. Beides mit dem Essig, dem Lorbeerblatt, den Pfefferkörnern und 1 l Wasser in einen breiten Topf geben. Etwa 20 Minuten köcheln lassen.

3. Die Kartoffeln schälen, waschen und in Salzwasser in etwa 20 Minuten garen. Die Kartoffeln abgießen. Die Butter in einer Pfanne erhitzen und die Kartoffeln darin schwenken. Den Dill waschen, trockenschütteln, abzupfen und über die Kartoffeln streuen.

4. Inzwischen die Forellen im Essigsud bei mittlerer Hitze in 10–15 Minuten gar ziehen lassen.

5. Inwischen die Eigelbe mit etwas Salz verrühren und mit dem Schneebesen aufschlagen. Die Schüssel in ein heißes Wasserbad stellen und den restlichen Zitronensaft unter Rühren dazufließen lassen, bis eine cremige Sauce entstanden ist. Mit Salz und Pfeffer abschmecken und zu den Forellen und den Kartoffeln reichen.

Bild oben:
Forelle blau mit Zitronenschaum
Bild unten: Lachs mit Spargel

Dorschröllchen in Mangold

Zutaten für 4 Personen:
500 g Mangold
600 g Dorschfilet
Saft von 1/2 Zitrone
150 g Crème fraîche
Salz
weißer Pfeffer, frisch gemahlen
1 Prise Cayennepfeffer
2 Eigelb · 2 EßI. Butter
1/8 l trockener Weißwein
Küchengarn

Raffiniert

Pro Portion etwa:
1500 kJ/360 kcal
30 g Eiweiß · 23 g Fett
3 g Kohlenhydrate

• Zubereitungszeit: etwa
  1 1/4 Stunden

1. Den Mangold waschen und kurz in kochendes Salzwasser geben. Mit kaltem Wasser abschrecken und abtropfen lassen.

2. Den Fisch im Blitzhacker zerkleinern. Mit etwa drei Viertel des Zitronensafts und 4 Eßlöffeln Crème fraîche verrühren. Mit Salz, Pfeffer und dem Cayennepfeffer würzen. Die Eigelbe unterrühren. Die Masse auf acht Mangoldblätter verteilen, diese aufrollen und mit Küchengarn zubinden.

3. Die Mangoldstengel kleinschneiden und in der heißen Butter in etwa 10 Minuten weich dünsten. Mit dem Weißwein ablösen und fast ganz einkochen lassen. Die

Stengel mit der restlichen Crème fraîche pürieren. Im offenen Topf köcheln lassen, bis die Sauce cremig ist. Mit Salz, Pfeffer und dem restlichen Zitronensaft abschmecken.

4. Die restlichen Mangoldblätter in Streifen schneiden und unter die Sauce mischen. Die Fischröllchen darin in 8–10 Minuten zugedeckt bei schwacher Hitze gar ziehen lassen.

Schellfisch in Senfsauce

Zutaten für 4 Personen:
1 Zwiebel · 1 Möhre
1 kleines Stück Knollensellerie
1 Bund Petersilie
1 Zweig Thymian (ersatzweise
1 Teel. getrockneter Thymian)
1 unbehandelte Zitrone
1/4 l trockener Weißwein
2 Lorbeerblätter
1 EßI. Pfefferkörner
2 Wacholderbeeren
Salz
1 Schellfisch ohne Kopf (etwa 1,2 kg)
250 g Sahne
2 EßI. scharfer Senf · 3 Eigelb
weißer Pfeffer, frisch gemahlen
1 Prise Cayennepfeffer
1 Bund Schnittlauch

Berühmtes Rezept

Pro Portion etwa:
200 kJ/480 kcal
53 g Eiweiß · 22 g Fett
8 g Kohlenhydrate

• Zubereitungszeit: etwa
  2 Stunden

1. Die Zwiebel schälen und würfeln, die Möhre und den Sellerie schälen, waschen und grob zerschneiden. Die Petersilie und den Thymianzweig abbrausen. Die Zitrone heiß abwaschen und in Scheiben schneiden. Alles in einen großen Topf geben, mit dem Weißwein und 1 1/2 l Wasser auffüllen. Die Lorbeerblätter, die Pfefferkörner und die zerdrückten Wacholderbeeren mit 1/2 Teelöffel Salz dazugeben. Den Sud etwa 20 Minuten köcheln lassen. Durch ein Sieb gießen und abkühlen lassen.

2. Den Fisch waschen und in einem Topf mit dem kalten Sud bedecken. Offen erhitzen, aber nicht kochen und in etwa 30 Minuten gar ziehen lassen. Herausnehmen und warm halten.

3. 3/8 l Kochsud abnehmen. Mit der Sahne um etwa die Hälfte einkochen lassen.

4. Den Senf mit den Eigelben verquirlen und mit 3 Eßlöffeln Kochsud verrühren. In die Sauce gießen und rühren, bis die Sauce dicklich wird, aber nicht kochen lassen. Mit Salz, Pfeffer und dem Cayennepfeffer abschmecken.

5. Den Schnittlauch waschen, trockenschütteln und in Röllchen schneiden. Unter die Sauce rühren. Zum Fisch reichen.

Im Bild vorne:
Dorschröllchen in Mangold
Im Bild hinten:
Schellfisch in Senfsauce

Steinbuttfilets in Sauer- ampfersahne

Zutaten für 4 Personen:
750 g Steinbuttfilet
weißer Pfeffer, frisch gemahlen
Salz
50 g Sauerampfer (ersatzweise
2 Bund Basilikum)
2 Schalotten
2 Eßl. Butter
1/8 l Fischfond (selbstgemacht oder
aus dem Glas) oder Gemüsebrühe
1/8 l trockener Weißwein
200 g Sahne

Exklusiv

Pro Portion etwa:
1600 kJ/380 kcal
33 g Eiweiß · 25 g Fett
3 g Kohlenhydrate

● Zubereitungszeit: etwa
30 Minuten

1. Die Steinbuttfilets waschen und trockentupfen. Großzügig pfeffern und leicht salzen.

2. Den Sauerampfer waschen, trockenschütteln, dann die Stiele abknipsen und die Blättchen in schmale Streifen schneiden.

3. Die Schalotten schälen und fein hacken. Die Butter erhitzen und die Schalotten darin anbraten. Drei Viertel der Sauerampferstreifen dazugeben und etwa 3 Minuten mitdünsten.

4. Mit dem Fischfond oder der Gemüsebrühe und dem Weißwein ablöschen. Den Sud ein-

mal aufkochen lassen und die Hitze reduzieren.

5. Die Steinbuttfilets in den heißen, aber nicht mehr kochenden Sud legen und darin etwa 1 Minute ziehen lassen. Herausnehmen und zugedeckt warm stellen.

6. Den Sud wieder kräftig aufkochen. Die Sahne hinzufügen und einkochen lassen, bis die Sauce leicht cremig wird. Mit Salz und Pfeffer abschmecken.

7. Die Steinbuttfilets mit der Sauerampfersahne übergießen. Mit den restlichen Sauerampferstreifen bestreuen.

Seezunge in Safransauce

Zutaten für 4 Personen:
2 küchenfertige Seezungen (je
etwa 400 g)
Saft von 1/2 Zitrone
Salz
weißer Pfeffer, frisch gemahlen
1 kleine Zwiebel
1 Salatgurke
2 Eßl. Butter
1 Döschen Safran
1/8 l Fischfond (selbstgemacht oder
aus dem Glas)
2 Eßl. Crème fraîche
1 Handvoll Kerbel

Gelingt leicht

Pro Portion etwa:
1200 kJ/290 kcal
36 g Eiweiß · 13 g Fett
4 g Kohlenhydrate

● Zubereitungszeit: etwa
40 Minuten

1. Die Seezungen abspülen und trockentupfen. Mit etwa drei Viertel des Zitronensafts beträufeln, salzen und pfeffern.

2. Die Zwiebel schälen und fein hacken. Die Gurke schälen, längs halbieren und die Kerne herausschaben. Das Gurkenfleisch in 1 cm große Würfel schneiden.

3. In einem breiten Topf die Butter erhitzen. Die Zwiebel und die Gurke darin andünsten. Den Safran darüber stäuben und unter Rühren anschwitzen. Mit dem Fischfond ablöschen. Die Crème fraîche hineinrühren, salzen und pfeffern.

4. Alles aufkochen lassen. Dann die Seezungen in die kochende Sauce legen. Den Topf vom Herd nehmen und den Fisch darin zugedeckt in 5–6 Minuten gar ziehen lassen. Herausnehmen und anrichten.

5. Inzwischen den Kerbel abbrausen, trockenschütteln und die Blättchen abzupfen. Die Sauce mit Salz, Pfeffer und dem restlichen Zitronensaft abschmecken und den Kerbel darüber streuen. Zum Fisch servieren.

Im Bild vorne:
Seezunge in Safransauce
Im Bild hinten:
Steinbuttfilets in Sauerampfersahne

See-Aal auf Gemüse

Zutaten für 4 Personen:

400 g Lauch

700 g mehligkochende Kartoffeln

(zum Beispiel Primura)

250 g Champignons

1 Eßl. Butter

1 Eßl. Maiskeimöl

Salz

schwarzer Pfeffer, frisch gemahlen

1/2 Teel. Majoran

1/4 l Gemüsebrühe

750 g See-Aal

Saft von 1/2 Zitrone

Für Ungeübte

Pro Portion etwa:
3000 kJ/710 kcal
34 g Eiweiß · 52 g Fett
29 g Kohlenhydrate

- Zubereitungszeit: etwa
  50 Minuten

1. Den Lauch putzen, längs halbieren, gründlich waschen und schräg etwa in 1/2 cm breite Stücke schneiden.

2. Die Kartoffeln schälen, waschen und in etwa 1 cm große Würfel schneiden. Die Champignons putzen, kurz abspülen, trockentupfen und blättrig schneiden.

3. Die Butter und das Öl in einem breiten Topf erhitzen. Das Gemüse bei starker Hitze kurz darin anbraten. Mit Salz, Pfeffer und dem Majoran würzen und mit der Gemüsebrühe aufgießen. Alles etwa 5 Minuten bei schwacher Hitze

im halboffenen Topf köcheln lassen.

4. Den Fisch in acht Scheiben schneiden, mit dem Zitronensaft beträufeln, salzen und pfeffern. Auf das Gemüse legen und in 10–12 Minuten zugedeckt bei schwacher Hitze gar ziehen lassen.

Karpfen blau

Zutaten für 4 Personen:

1 Zwiebel

1 Möhre

1 kleines Stück Knollensellerie

1 Lauchstange

1 Bund glatte Petersilie

2 Lorbeerblätter

1 Teel. Pimentkörner

1 Teel. Pfefferkörner · Salz

1/4 l Weißweinessig

1 küchenfertiger Karpfen (etwa 1,2 kg)

weißer Pfeffer, frisch gemahlen

Saft von 1/2 Zitrone

1 dicke Scheibe frisches Kastenweißbrot

1/4 l kräftige Fleischbrühe

Schale von 1 unbehandelten Zitrone

125 g Sahne

1/2 Stange frisch geriebener Meerrettich oder 2–3 gehäufte Eßl.

Meerrettich aus dem Glas

Muskatnuß, frisch gerieben

Berühmtes Rezept

Pro Portion etwa:
2000 kJ/480 kcal
53 g Eiweiß · 24 g Fett
11 g Kohlenhydrate

- Zubereitungszeit: etwa
  1 Stunde

1. Die Zwiebel schälen und hacken. Die Möhre und den Sellerie schälen, waschen und grob schneiden. Den Lauch putzen, längs halbieren, gründlich waschen und in breite Streifen schneiden.

2. Die Petersilie waschen und mit dem Gemüse in einen großen Topf geben. 1 l Waser angießen, 1 Lorbeerblatt, die Piment- und die Pfefferkörner, 1 Teelöffel Salz und den Essig hinzufügen. Aufkochen und etwa 20 Minuten bei schwacher Hitze köcheln lassen.

3. Den Karpfen waschen, trockentupfen, innen salzen, pfeffern und mit drei Viertel des Zitronensafts ausreiben. Im Sud zugedeckt bei schwacher Hitze in 25–30 Minuten garen.

4. Inzwischen das Weißbrot entrinden und in der Fleischbrühe auflösen. Die Brühe mit dem zweiten Lorbeerblatt und der Zitronenschale in einen mittelgroßen Topf geben. Die Sahne dazugießen und bei schwacher Hitze so lange einkochen lassen, bis die Sauce dicklich wird.

5. Die Zitronenschale und das Lorbeerblatt wieder herausnehmen. Den Meerrettich hinzufügen und die Sauce mit dem restlichen Zitronensaft, Salz, Pfeffer und Muskatnuß abschmecken. Die Sauce zum Karpfen reichen.

Im Bild vorne: See-Aal auf Gemüse
Im Bild hinten: Karpfen blau

Rotbarschfilet mit Pilzen

Zutaten für 4 Personen:
2 Zwiebeln
500 g frische Champignons
Saft von 1/2 Zitrone
3 Eßl. Butter
1 Bund Petersilie
200 g Doppelrahmfrischkäse mit Kräutern
4 Eßl. Sahne
2 Knoblauchzehen
Salz
weißer Pfeffer, frisch gemahlen
1 Eigelb
800 g Rotbarschfilet
Für die Form: Fett

Für Ungeübte

Pro Portion etwa:
2400 kJ/570 kcal
47 g Eiweiß · 40 g Fett
5 g Kohlenhydrate

- Zubereitungszeit: etwa 1 Stunde

1. Die Zwiebeln schälen und fein hacken. Die Champignons putzen, kurz abbrausen und in Scheiben schneiden. Mit etwa der Hälfte des Zitronensafts beträufeln. Den Backofen auf 220° vorheizen.

2. In einer breiten Pfanne die Butter erhitzen. Die Zwiebeln darin glasig braten. Die Pilze kurz mitdünsten.

3. Inzwischen die Petersilie waschen, trockenschütteln, abzupfen und fein hacken. Mit dem Frischkäse und der Sahne unter die Pilze rühren. Den

Knoblauch schälen und dazupressen, alles kurz aufkochen lassen.

4. Die Pilze mit Salz, Pfeffer und etwa 1 Teelöffel Zitronensaft abschmecken. Abkühlen lassen. Das Eigelb verquirlen und unter die Sauce ziehen.

5. Den Fisch abspülen und trockentupfen. Mit dem restlichen Zitronensaft beträufeln, salzen und pfeffern. Eine feuerfeste Form einfetten. Den Fisch hineinlegen und die Pilze darauf verteilen. Im Backofen (Mitte) etwa 10 Minuten garen. Dann im ausgeschalteten Backofen noch etwa 5 Minuten nachziehen lassen.

Seelachs auf Spinat

Zutaten für 4 Personen:
1 kg Blattspinat
1 große Zwiebel
4 Knoblauchzehen
2 Eßl. Butter
4 Eßl. Mascarpone
Salz
schwarzer Pfeffer, frisch gemahlen
Muskatnuß, frisch gerieben
4 Seelachs-Koteletts (je etwa 180 g)
1/2 Bund glatte Petersilie
1 unbehandelte Zitrone
Für die Form: Fett

Gelingt leicht

Pro Portion etwa:
1200 kJ/290 kcal
41 g Eiweiß · 12 g Fett
5 g Kohlenhydrate

- Zubereitungszeit: etwa 1 Stunde

1. Den Spinat verlesen, dabei die Stiele abknipsen. Die Blätter gründlich waschen und abtropfen lassen.

2. Die Zwiebel und den Knoblauch schälen, die Zwiebel fein hacken. In einem großen Topf die Butter erhitzen. Die Zwiebel darin weich braten und 2 Knoblauchzehen dazupressen.

3. Den Spinat dazugeben. Zugedeckt in etwa 5 Minuten zusammenfallen lassen. Den Mascarpone darunter rühren. Mit Salz, Pfeffer und Muskatnuß würzen. Den Backofen auf 220° vorheizen.

4. Den Seelachs waschen, trockentupfen, salzen und pfeffern. Den restlichen Knoblauch durchpressen und auf den Fisch streichen.

5. Eine feuerfeste Form einfetten und den Spinat einfüllen. Den Seelachs darauf legen.

6. Die Petersilie waschen und trockenschütteln. Die Zitrone heiß waschen und in dünne Scheiben schneiden. Erst die Petersilie, dann die Zitronenscheiben auf den Fisch legen. Die Form verschließen und den Fisch im Backofen (Mitte) in etwa 20 Minuten garen.

Im Bild vorne: Seelachs auf Spinat
Im Bild hinten:
Rotbarschfilet mit Pilzen

Lachsforelle im Kräutersalzmantel

Zutaten für 4 Personen:
2 kg Meersalz
je 1 gehäufter Teel. Rosmarin,
Thymian und Oregano
4 Knoblauchzehen
1 küchenfertige Lachsforelle
(etwa 1,2 kg)
weißer Pfeffer, frisch gemahlen
1 Bund Koriander (ersatzweise glatte
Petersilie)

Raffiniert

Pro Portion etwa:
1100 kJ/260 kcal
49 g Eiweiß · 7 g Fett
0 g Kohlenhydrate

* Zubereitungszeit: etwa
  1 Stunde

1. Den Backofen auf 250° vorheizen. Das Meersalz in einer Schüssel mit dem Rosmarin, dem Thymian und dem Oregano vermischen. Den Knoblauch schälen und dazupressen.

2. Den Fisch waschen, trockentupfen, innen mit etwas Kräutersalz und Pfeffer bestreuen. Den Koriander abbrausen, trockenschütteln und in den Fischbauch legen.

3. Die Hälfte des Kräutersalzes in einem großen Bräter verteilen. Den Fisch darauf legen und mit dem restlichen Salz bedecken.

4. Den Bräter in den Backofen (Mitte) stellen und den Fisch etwa 25 Minuten garen. Im ausgeschalteten Ofen etwa 10 Minuten nachziehen lassen.

5. Die Salzkruste vorsichtig aufbrechen und die Lachsforelle auf eine Platte legen. Den Kopf, den Schwanz und die Haut entfernen und die Filets von den Gräten heben. Mit Salzkartoffeln und einer Zitronenmayonnaise servieren.

Rotbarben auf Spitzkohlbett

Zutaten für 4 Personen:
4 küchenfertige Rotbarben (je etwa
250 g)
1 Bund Basilikum oder Petersilie
3 Eßl. Butter
3 Knoblauchzehen
Salz
weißer Pfeffer, frisch gemahlen
1 Eßl. Zitronensaft
1 Spitzkohl (etwa 500 g)
1 große Zwiebel
2 Eßl. Butterschmalz
1/4 l trockener Weißwein
Zum Belegen: Butterflöckchen

Etwas teurer

Pro Portion etwa:
2100 kJ/500 kcal
52 g Eiweiß · 24 g Fett
9 g Kohlenhydrate

* Zubereitungszeit: etwa
  1 1/2 Stunde

1. Die Fische abspülen und trockentupfen. Das Basilikum abbrausen, trockenschütteln. In den Fischbäuchen verteilen.

2. Die Butter mit einer Gabel zerdrücken. Den Knoblauch schälen und dazupressen. Mit Salz, Pfeffer und dem Zitronensaft würzen, alles gut verrühren und in die Fischbäuche geben.

3. Den Spitzkohl putzen, vierteln und vom Strunk befreien. In schmale Streifen hobeln, waschen und abtropfen lassen.

4. Die Zwiebel schälen und in feine Ringe hobeln. Das Butterschmalz in einem Bräter erhitzen und die Zwiebeln darin anbraten. Den Kohl zu den Zwiebeln geben und etwa 10 Minuten mitdünsten. Den Backofen auf 180° vorheizen.

5. Den Weißwein zum Gemüse gießen und mit Salz und Pfeffer würzen. Die Fische darauf legen, mit den Butterflöckchen belegen und im Backofen (Mitte) etwa 50 Minuten garen.

6. Zur Garprobe mit einer Gabel auf die Fische drücken. Wenn das Fleisch fest ist, sind sie fertig.

Tip!

Spitzkohl gibt es nicht das ganze Jahr. Sie können alternativ auch Wirsing oder Weißkohl nehmen.

Im Bild vorne:
Rotbarben auf Spitzkohlbett
Im Bild hinten:
Lachsforelle im Kräutersalzmantel

Basilikum-Makrelen in der Folie

Zutaten für 4 Personen:

2 Bund Basilikum

3–4 Knoblauchzehen

6 Eßl. Butter

Salz

schwarzer Pfeffer, frisch gemahlen

4 küchenfertige Makrelen (je etwa

300 g)

Saft von 1 Zitrone

Für Ungeübte

Pro Portion etwa:
2600 kJ/620 kcal
48 g Eiweiß · 48 g Fett
2 g Kohlenhydrate

• Zubereitungszeit: etwa
 45 Minuten

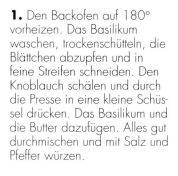

1. Den Backofen auf 180° vorheizen. Das Basilikum waschen, trockenschütteln, die Blättchen abzupfen und in feine Streifen schneiden. Den Knoblauch schälen und durch die Presse in eine kleine Schüssel drücken. Das Basilikum und die Butter dazufügen. Alles gut durchmischen und mit Salz und Pfeffer würzen.

2. Die Makrelen kalt abwaschen und trockentupfen. Innen und außen mit dem Zitronensaft beträufeln, salzen und pfeffern.

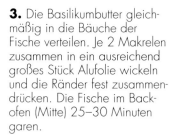

3. Die Basilikumbutter gleichmäßig in die Bäuche der Fische verteilen. Je 2 Makrelen zusammen in ein ausreichend großes Stück Alufolie wickeln und die Ränder fest zusammendrücken. Die Fische im Backofen (Mitte) 25–30 Minuten garen.

4. Die Fische vorsichtig aus der Folie nehmen. Haut und Köpfe entfernen und die Fischfilets vorsichtig von den Gräten heben. Auf vorgewärmten Tellern anrichten und mit dem beim Garen entstandenen Saft aus der Folie beträufeln. Dazu passen Salzkartoffeln und Kopfsalat mit Radieschen.

Shrimps-Gratin mit Champignons

Zutaten für 4 Personen:

600 g rohe Shrimps, frisch oder
tiefgekühlt

Salz

weißer Pfeffer, frisch gemahlen

Saft von 1/2 Zitrone

2 kleine Zwiebeln

2 Eßl. Sesamöl

2 Knoblauchzehen

250 g Champignons

200 g Möhren

200 g Zucchini

1 Teel. Thymian, frisch oder
getrocknet

1/4 l Gemüsebrühe

4 Eßl. Crème fraîche

50 g Parmesan, frisch gerieben

Für die Form: Fett

Für Gäste
Braucht etwas Zeit

Pro Portion etwa:
1400 kJ/330 kcal
32 g Eiweiß · 19 g Fett
6 g Kohlenhydrate

- Zubereitungszeit: etwa
  1 Stunde 10 Minuten

1. Tiefgekühlte Shrimps auftauen. Die Shrimps aus der Schale lösen, am Rücken entlang aufschlitzen und den Darm entfernen. Salzen, pfeffern und mit dem Zitronensaft beträufeln. Zugedeckt in den Kühlschrank stellen.

2. Die Zwiebeln schälen und klein würfeln. Das Öl in einem breiten Topf mit hohem Rand erhitzen. Die Zwiebeln darin weich braten. Den Knoblauch schälen und dazudrücken. Die Champignons putzen, kurz abspülen und blättrig schneiden. Zu den Zwiebeln geben. Den Backofen auf 220° vorheizen.

3. Die Möhren schälen, waschen und über dem Topf grob raspeln. Die Zucchini waschen, von den Stielansätzen befreien und über dem Topf grob raspeln. Etwa 2 Minuten dünsten, mit Salz, Pfeffer und dem Thymian würzen. Die Gemüsebrühe dazugießen und alles köcheln lassen, bis etwa ein Drittel verdunstet ist.

4. Eine feuerfeste Form einfetten, die Hälfte des Gemüses hineingeben und die Shrimps darauf legen. Das restliche Gemüse mit der Crème fraîche und dem Parmesan mischen und auf den Shrimps verteilen. Im Backofen (Mitte) etwa 20 Minuten gratinieren, bis die Oberfläche goldgelb ist.

Lachsforelle auf Sommergemüse

Zutaten für 4 Personen:
2 kleine Zwiebeln
2 kleine Zucchini (je etwa 120 g)
4 Tomaten · 1 Eßl. Olivenöl
1/8 l trockener Weißwein · Salz
schwarzer Pfeffer, frisch gemahlen
800 g Lachsforellenfilet
Saft von 1/2 Zitrone
4 Teel. Butter
Für die Form: Fett

Für Gäste

Pro Portion etwa:
1400 kJ/330 kcal
41 g Eiweiß · 14 g Fett
6 g Kohlenhydrate

- Zubereitungszeit: etwa
  45 Minuten

1. Die Zwiebeln schälen und in Ringe schneiden. Die Zucchini waschen, von den Stielansätzen befreien und grob raspeln. Die Tomaten mit kochendem Wasser überbrühen, häuten und vierteln, die Stielansätze entfernen. Den Backofen auf 250° vorheizen.

2. Das Olivenöl erhitzen, die Zwiebel und die Zucchini darin andünsten. Den Weißwein dazugießen, salzen, pfeffern und etwa 10 Minuten bei schwacher Hitze garen.

3. Den Fisch in vier Portionen teilen, mit dem Zitronensaft beträufeln, salzen und pfeffern. Eine feuerfeste Form einfetten, den Fisch hineinlegen und mit

je 1 Teelöffel Butter belegen. Im Backofen (Mitte) etwa 8 Minuten garen. Nach etwa 4 Minuten die Tomaten hinzufügen.

4. Das Gemüse und die Tomaten mit dem Fisch anrichten.

Zander im Kräutersud

Zutaten für 4 Personen:
1 küchenfertiger Zander (etwa 1 kg)
Salz
weißer Pfeffer, frisch gemahlen
1 Bund Frühlingszwiebeln
2 Möhren
je 1 Zweig Thymian und Rosmarin
(ersatzweise je 1 Teel. getrockneter
Thymian und Rosmarin)
1 Bund glatte Petersilie
1 Lorbeerblatt
1/4 l trockener Weißwein
1/4 l Gemüsebrühe
1 Teel. Pfefferkörner
150 g eiskalte Butter
1 Eßl. Zitronensaft

Exklusiv

Pro Portion etwa:
2300 kJ/550 kcal
45 g Eiweiß · 33 g Fett
7 g Kohlenhydrate

- Zubereitungszeit: etwa
  1 Stunde

1. Den Zander abspülen, trockentupfen, salzen und pfeffern.

2. Die Frühlingszwiebeln putzen, waschen und in Ringe schneiden. Die Hälfte davon im Bauch des Fisches verteilen.

3. Die Möhren schälen, waschen und in etwa 1/2 cm dicke Scheiben schneiden. Den Thymian, den Rosmarin und die Petersilie abbrausen und mit den restlichen Frühlingszwiebeln, den Möhren und dem Lorbeerblatt in einen hohen Topf geben. Mit dem Weißwein und der Brühe aufgießen, 1 Teelöffel Salz und die Pfefferkörner hinzufügen. Alles aufkochen und etwa 10 Minuten köcheln lassen.

4. Den Backofen auf 180° vorheizen. Den Zander in einem Bräter mit dem heißen Sud übergießen. Das Gefäß verschließen und den Fisch im Backofen (Mitte) in 20–30 Minuten gar ziehen lassen.

5. Wenn sich die Kiemen leicht herausziehen lassen, ist der Fisch fertig. Aus dem Sud nehmen und warm stellen.

6. Den Sud durch ein Sieb gießen und im offenen Topf um etwa ein Drittel einkochen lassen. Die Butter in Würfel schneiden und kräftig unterschlagen, bis die Sauce cremig wird. Nicht mehr kochen lassen. Mit Salz, Pfeffer und dem Zitronensaft abschmecken.

7. Den Fisch häuten und die Filets von den Gräten heben. Mit der Buttersauce anrichten.

Im Bild vorne:
Lachsforelle auf Sommergemüse
Im Bild hinten:
Zander im Kräutersud

Heilbutt in der Folie

Zutaten für 4 Personen:

4 Scheiben Heilbutt (je etwa 200 g)

Saft von 1/2 Zitrone

Salz

weißer Pfeffer, frisch gemahlen

1 kleine Zwiebel

1 Eßl. Sojaöl

1 Eßl. geröstetes Sesamöl (siehe Tip auf Seite 12)

2 Knoblauchzehen

1 Stück Ingwerwurzel (etwa 1 cm)

250 g Sojasprossen

150 g Möhren

150 g Zuckerschoten

2 Eßl. Sojasauce

2 Eßl. trockener Sherry (Fino) nach Belieben

Gelingt leicht

Pro Portion etwa:
1300 kJ/310 kcal
46 g Eiweiß · 10 g Fett
11 g Kohlenhydrate

● Zubereitungszeit: etwa
45 Minuten

1. Den Heilbutt waschen, trockentupfen, mit dem Zitronensaft beträufeln. Mit Salz und Pfeffer würzen.

2. Die Zwiebel schälen und fein hacken. Das Sojaöl und das Sesamöl in einer Pfanne erhitzen. Die Zwiebel darin anbraten. Den Knoblauch schälen und dazudrücken. Den Ingwer schälen, fein würfeln und dazugeben. Den Backofen auf 180° vorheizen.

3. Inzwischen die Sojaspros-

sen abbrausen und abtropfen lassen. Die Möhren schälen, waschen und grob raspeln. Die Zuckerschoten putzen, waschen und in schräge, etwa 2 cm lange Stücke schneiden.

4. Das Gemüse in die Pfanne geben, die Sojasauce und den Sherry angießen. Alles kräftig salzen und pfeffern und zugedeckt etwa 8 Minuten bei schwacher Hitze dünsten.

5. Ein großes Stück Alufolie auf einem Backblech ausbreiten. Das Gemüse und den Fisch darauf setzen. Die Alufolie locker zuschlagen und die Nahtstellen fest zusammendrücken. Den Fisch im Backofen (Mitte) in 10–15 Minuten garen.

Goldbrassen auf Fenchel-Kartoffelbett

Zutaten für 4 Personen:

600 g Fenchel

800 g gleich große, mehligkochende Kartoffeln (zum Beispiel Primura)

2 Eßl. Olivenöl

Salz

schwarzer Pfeffer, frisch gemahlen

1 Bund Thymian

1/4 l Weißwein

250 g Mascarpone

2 küchenfertige Goldbrassen (je etwa 600 g)

1 Teel. Anissamen

1 unbehandelte Zitrone

Gelingt leicht

Pro Portion etwa:
2600 kJ/620 kcal
65 g Eiweiß · 18 g Fett,
38 g Kohlenhydrate

● Zubereitungszeit: etwa
1 1/4 Stunden

1. Den Fenchel waschen, das Grün abschneiden und beiseite legen. Die Knollen in dünne Scheiben schneiden. Die Kartoffeln schälen, waschen und in Scheiben hobeln. Den Backofen auf 200° vorheizen.

2. Die Fettpfanne des Backofens mit dem Öl einpinseln. Den Fenchel abwechselnd mit den Kartoffeln schuppenartig hineinlegen und mit Salz und Pfeffer würzen.

3. Den Thymian waschen, trockenschütteln und die Hälfte davon über dem Gemüse abzupfen. Den Weißwein mit der Mascarpone im Mixer mischen und darüber gießen. Das Gemüse mit Alufolie bedecken und im Backofen (Mitte) etwa 30 Minuten garen.

4. Die Fische abspülen, salzen und pfeffern. Das Fenchelgrün, den Anissamen und den restlichen Thymian in die Fischbäuche legen. Die Zitrone heiß abbürsten, in Scheiben schneiden.

5. Die Alufolie vom Gemüse entfernen, die Fische darauf legen, mit den Zitronen bedecken. Alles in etwa 30 Minuten bei 180° garen.

Im Bild vorne: Heilbutt in der Folie
Im Bild hinten:
Goldbrassen auf Fenchel-Kartoffelbett

IMPRESSUM

Umschlag-Vorderseite:
Das Rezept für Scholle mit
Basilikum-Dip finden Sie auf
Seite 32.

© 1993 Gräfe und Unzer
Verlag GmbH, München. Alle
Rechte vorbehalten. Nach-
druck, auch auszugsweise,
sowie Verbreitung durch Film,
Funk und Fernsehen, durch foto-
mechanische Wiedergabe,
Tonträger und Datenverarbei-
tungssysteme jeglicher Art nur
mit schriftlicher Genehmigung
des Verlages.

Redaktion: Christine Wehling
Layout: Ludwig Kaiser
Herstellung: Jürgen Bischoff
Fotos: Odette Teubner,
Dorothee Gödert
Umschlaggestaltung: Heinz
Kraxenberger
Reproduktionen: Longo, Bozen
Satz: Computersatz Wirth,
Regensburg
Druck und Bindung:
Grafedit, Bergamo
ISBN: 3-7742-1527-8

Auflage 8.   7.   6.   5.   4.
Jahr 1999 98 97 96 95

Cornelia Adam

arbeitete zunächst als enga-
gierte Hotelfachfrau. Später
konnte sie ihre vielfältigen
Erfahrungen berufsbedingter
Auslandsaufenthalte als Redak-
teurin einer bekannten deut-
schen Frauenzeitschrift in Wort
und Bild umsetzen. Seit langem
arbeitet sie als freiberufliche
Food-Journalistin und Kochbuch-
autorin.

Odette Teubner

wurde durch ihren Vater, den
international bekannten Food-
Fotografen Christian Teubner,
ausgebildet. Anschließend wid-
mete sie sich einige Monate
der Modefotografie. Heute
arbeitet sie ausschließlich im
Studio für Lebensmittelfotografie
Teubner. In ihrer Freizeit ist sie
begeisterte Kinderporträtistin –
mit dem eigenen Sohn als
Modell.

Dorothee Gödert

arbeitete nach ihrer Ausbildung
zur Fotografin zunächst im
Bereich Stillife- und Interieurfoto-
grafie. Nach einem Aufenthalt
in Princeton/USA spezialisierte
sie sich auf Food-Fotogafie. Sie
war bei namhaften Food-Foto-
grafen tätig. Seit April 1988
fotografiert sie im Fotostudio
Teubner.